랠프 월도 에머슨 Ralph Waldo Emerson, 1803-1882

미국 성공 철학의 원조로 평가받는 19세기 철학자, 사상가, 문학가, 시인이다. 미국 문학 발전에 지대한 공헌을 했을 뿐 아니라 미국 사상사를 논할 때 빠질 수 없는 중요한 인물이다. 또한 프리드리히 니체, 헨리 데이비드 소로, 마하트마 간디, 미야자와 겐지 등 많은 이들에게 영향을 주기도 했다. 에이브러햄 링컨은 그를 '미국의 아들'이라 칭송했으며, 세기를 뛰어넘어 사랑받고 있는 에머슨의 명저 《자기신뢰 *Self-Reliance*》는 버락 오바마 전 미국 대통령도 '성경 다음으로 큰 힘이 되어준 책'이라고 밝힌 바 있다.

나에게
읽어주는 책

● RALPH WALDO EMERSON ●

나에게
읽어주는 책

나카시마 데루 지음 | 이유라 옮김

레드박스

한 그루의 나무가 모여 푸른 숲을 이루듯이
청림의 책들은 삶을 풍요롭게 합니다.

All life is an experiment.
The more experiments you make the better.

모든 인생은 '실험'이다.
실험을 거듭할수록 더 잘하게 된다.

-에머슨의 일기에서-

'나를 바꾸고 싶다'고
생각하는 당신에게

어쩔 수 없는 일이 너무 많아…….

내 힘으로 할 수 있는 게 없어. 그저 최소한의 일만 해치우며 살아갈 뿐이지.

이런 시대를 살아가고 있으니 어떻게 할 도리가 없잖아. 어차피 나는 여기까지인걸…….

우리는 지금 이렇게 생각하고 있을지도 모른다.

그렇지만 보람 없는 나날에 문득 허무함을 느낄 때가 있지 않은가?

활발히 활동하는 사람을 보면서 나는 이대로 괜찮은 걸까 하는 불안한 마음이 들지는 않은가?

이런 감정이 드는 이유는 마음속으로는 '나를 바꾸고 싶다.'라고 생각하기 때문이다.

사실은 한 걸음 더 나아가고 싶다고, 어쩔 수 없는 이 상황을 타파하고 싶어 하는, 꺼지지 않는 정열이 우리 안에 있는 것이다.

그럴 때 우리에게 꼭 필요한 것이 바로 랠프 월도 에머슨Ralph Waldo Emerson의 말이다.

에머슨은 19세기 미국의 철학자, 사상가, 문학가이자 시인으로 활약한 인물이다. 일본에서는 그리 잘 알려지지 않았지만, 근대 미국에서 큰 성공을 거둔 지식인이기에 에머슨을 모르는 미국인은 없으리라 생각한다. 그들에게 미국의 위대한 철학자가 누구냐고 물어본다면 틀림없이 에머슨의 이름을 말할 것이다.

특히 그가 저술한《자기신뢰Self-Reliance》라는 에세이는 성공한 인물들의 애독서로 잘 알려져 있다. 에머슨이 말하는 철학은 새로운 시대를 개척한 사람들의 기본 사상을 빛냈다고 해도 과언이 아니다.

우리가 정말로 '나를 바꾸고 싶다.'라고 생각한다면 에머슨의 말이 큰 힘이 되어줄 것이다.

많은 위인에게 영감을 준 위대한 철학자

여러 분야에서 활약하며 많은 사람들의 지지를 받았던 에머슨이지만, 서른 살 즈음까지는 불운한 시절을 보냈다.

에머슨은 여덟 살이 될 무렵에 목사였던 아버지를 잃고 빈곤 속에서 자랐다. 함께 살던 숙모가 교육열이 높았던 덕택에 열네 살에 하버드 대학에 입학했지만, 가난 때문에 스스로 학비를 벌며 힘들게 공부해야 했다. 성적은 평균 이하에 친한 친구도 없고 누군가에게 연심을 품는 일도 없었다. 게다가 결핵에 류머티즘 등 갖가지 병에 걸려 고통받는 날들이 계속되었다.

열등감에 괴로워하면서도 에머슨은 자신의 환경, 성격, 능력을 정면으로 마주하며 자신을 갈고닦았다. 그는 얼마 지나지 않아 설교자의 자격을 취득하고 스물다섯 살에 보스턴에서 목사직을 얻었다. 또한 이 무렵에 콩코드에서 만난 엘렌 터커와 사랑에 빠져 결혼했다.

그러나 행복은 오래가지 못하고 겨우 1년 반 만에 아내를 결핵으로 잃고 만다. 염원해왔던 목사 일에도 의문을 품게 된다. 에머슨은 낡은 인습에 사로잡힌 형식적인 교회 제도를 비판하다 결국 사직을 결심한다. 그의 나이 스물아홉 살 때의 일이었다. 자신의 신념을 따라 살아가기로 각오한 것이다. 그 뒤 그는 자신의 소신을 세상에 발언하기 위해 열정적으로 강연과 집필 활동을 하게 된다.

'자기신뢰'를 인생의 지침으로 삼았던 에머슨의 마음가

점은 일생 동안 변하지 않았으며, 그 정신의 진수를 담은 명언은 헨리 데이비드 소로를 시작으로 윌리엄 제임스, 프리드리히 니체, 일본인으로는 후쿠자와 유키치, 미야자와 겐지에 이르기까지 영감을 주었다. 최근에는 버락 오바마 제44대 미국 대통령 또한 에머슨의 에세이를 애독서로 꼽은 바 있다.

이 인물들은 저마다 에머슨의 다른 측면에 끌렸다.

니체가 매력을 느낀 것은 철학자로서의 에머슨이었다. 니체는 기존의 많은 사상들에 대해 비판적 시각을 가지고 있었는데, 오직 에머슨만이 그가 전 생애에 걸쳐 존경했던 거의 유일한 철학자였다.

후쿠자와 유키치는 사상가로서의 에머슨에게 영향을 받은 듯하다. 그가 부르짖은 '독립자존'의 정신은 에머슨의 '자기신뢰'와 통하는 점이 있다.

오바마 전 미국 대통령은 변혁자로서의 에머슨에게 끌린 것으로 보인다. 당시 절대적 권력을 지닌 교회를 비판했던 에머슨은 보기 드문 저항 의식의 소유자였다. '변화'를 내세우며 미국 최초의 흑인 대통령이 되었던 오바마와 공통되는 부분이 있다.

많은 위인들이 자신과 에머슨 사이의 공통점을 찾아내

며 에머슨의 말을 통해 스스로에게 용기를 불어넣고, 자신의 신념을 지키기 위한 힘을 얻었다.

우리도 이 책을 통해 분명히 에머슨과의 공통점을 발견할 수 있을 것이다. 에머슨은 다양한 분야에서 재능을 발휘한 인물이다. 에머슨의 말을 받아들인다면 우리의 재능에도 스위치가 켜질 것이다. 재능이란 우리가 원래부터 가지고 있는 것이다. 그 재능에 스위치를 켜서 환하게 불을 밝힐지 영영 잠든 채로 내버려둘지는 우리 각자의 선택에 달렸다.

자신을 믿는 각오가 인생을 개척한다

마지막으로 이 책의 해설자인 나에 대해 조금 이야기하고자 한다. 내가 에머슨을 만난 것은 중학생 때였다. 당시 나는 내가 무엇을 위해 살아가고 있는 걸까 고민하면서 수많은 철학자들의 책을 열심히 읽고 있었다. 그중에서 에머슨의 말이 특히 충격적이었던 것을 기억한다. "자신을 끝까지 믿어라." 에머슨의 메시지는 내 마음에 강렬하게 남았다.

그 뒤 스물다섯 살부터 서른다섯 살에 이르기까지 나는

인생의 밑바닥을 경험하게 되었다. 조현병, 조울증, 공황장애 등 여러 증상 때문에 고통받으며 외출도 할 수 없었고 끝내 자살을 시도하기도 했다.

그래도 어떻게든 버티면서 원래의 나 자신으로 돌아올 수 있었던 것은 '난 틀림없이 괜찮을 거야, 결국엔 어떻게든 될 거야.' 하는 마음이 있었기 때문이다. 에머슨이 말하는 '자기신뢰'가 내 안에 뿌리내리고 있었던 덕분이라고 생각한다.

나는 심리상담사가 되고 나서도 자신을 끝까지 믿는 힘이 정신의 가장 중요한 기반이 된다는 사실을 강하게 느꼈다. 나 자신을 믿을 수 있는 힘만 있으면 많은 문제를 해결하고 직감에 따라 행동할 수 있으며, 자기 능력을 최대한으로 발휘할 수 있게 된다. 어떤 일을 끝까지 완수해 무언가를 이룬 인물은 예외 없이 이 길을 걸어왔다.

에머슨의 성장 과정은 결코 순탄하지 않았다. 그래도 그는 자신의 신념을 지키며 살았고 훗날 '현인'이라 불리는 인물이 되었다.

지금 한 치 앞이 보이지 않는 막막함 속에서 스스로를 믿을 수 없다면, 그 현재를 넘어서기 위한 힘은 오직 자신

안에만 있다는 사실을 기억하자. 에머슨의 흔적을 따라가다 보면 내 힘으로 안 되는 일에 맞서는 용기와 자신을 끝까지 믿고자 하는 각오가 싹틀 것이다.

　이 책에서는 에머슨의 글 중에서 특히 인상적인 부분을 발췌해 내 나름대로 초역하고 해설을 덧붙였다. 이 말들을 통해 이미 우리 안에 있는 '자기신뢰'의 정신이 바로 설 수 있게 된다면 더할 나위 없이 기쁠 것이다.

나카시마 데루

RALPH WALDO EMERSON

I

Life

삶의 방식

**자신의 생각을 믿는 것.
나에게 진리인 것은
누구에게나 진리인 법이라고 믿는 것.
그것이야말로 천재성이다.**

〈자기신뢰 *Self-Reliance*〉

에머슨이 말하는 자기신뢰의 정신은 이 말에 집약되어 있다고 볼 수 있다.

'내가 진리라고 확신할 수 있는 일은 누구에게나 진리로 통할 수 있다고 믿는다.' 물론 말처럼 쉬운 일은 아니다.

스스로를 돌아보지 않고 다른 사람의 의견이나 주위 상황만 의식하고 있으면, 나 자신에게 진리란 무엇인지 찾을 수 없게 된다.

에머슨은 자기 자신과 마주보는 것을 실천하는 사람이었다. 시대착오적 형식에만 얽매인 목사 일을 계속해야 하는지의 문제도 스스로에게 끊임없이 물었다. 그리고 마침내 하나의 진리에 도달해 그 진리를 믿고 목사직에서 물러나기로 결심했다.

그 당시에 목사는 전통적인 형식을 중시해야 한다는 생각이 지배적이었다. 당연히 에머슨의 생각은 비판을 받았다. 그러나 에머슨은 자신의 생각을 끝까지 믿었던 것이다.

에머슨은 이러한 삶의 방식을 '천재성genius'이라는 말로 표현하고 있다. 이는 즉 자신의 재능을 남김없이 발휘할 수 있다는 의미가 아닐까. 자신의 진리를 끝까지 믿을 수 있는 것은 곧 천재적 재능인 것이다.

에머슨은 목사직을 사임하고 9년 뒤 〈자기신뢰〉가 실린 최초의 에세이집을 발표해 많은 사람들의 지지를 얻게 되었다.

어른은 자의식의 감옥에 갇혀 있다.

〈자기신뢰Self-Reliance〉

'주위에서 어떻게 생각할지 모르니 되도록 내 의견은 말하지 말아야지.'

'안정적인 삶을 살고 싶으니까 리스크는 최대한 피할 거야.'

이렇게 스스로 자신의 언행을 제한하고 있지 않은가?

세상은 그렇게 호락호락하지 않으니 자신의 몸을 지키려면 당연한 일 아니냐며 항변할지도 모르겠다. 하지만 세상을 바라보는 시각은 우리의 의식에 달렸다. 이를테면 인터넷의 익명 댓글을 일일이 신경 쓸 것인지 대수롭지 않게 여길지는 우리의 선택이라는 소리다.

많은 사람들이 자의식으로 자기 자신을 속박하며 마치 '감옥'에 들어간 것처럼 자유롭지 못하게 살아가고 있다. 그렇게 하는 편이 더 편할 것이라고 생각하기 때문이다. 심지어 그런 삶을 아랫사람에게 강요하는 사람도 있다. 전례나 관례를 고집하는 사람은 본인은 의식하지 못하더라도 자신이 만든 '감옥'에 타인을 끌어들이고 있는 것이다.

자의식의 감옥에 갇히지 않으려면 어떻게 해야 할까? 일본의 예술가 오카모토 다로는 자신의 저서를 통해 젊은 이들에게 말한다. "누구나 어려운 길을 피하고 쉬운 길을 택하려 한다. 안이한 삶을 선택하고 싶어질 때는 그런 자신을 적이라고 생각하고 싸워야 한다. 자신의 신념은 그 누구에게도 넘겨서는 안 된다."

죄수처럼 살고 싶지 않으면 어떠한 일에도 흔들리지 않는 신념을 가져야만 한다.

우리의 삶은 구경거리가 아니다.

〈자기신뢰_Self-Reliance_〉

현대 사회에서는 소셜 네트워크 서비스SNS로 자신의 삶을 공개할 수 있고 타인의 삶도 슬쩍 엿볼 수 있다. 주위에서 일어난 일을 페이스북 같은 곳에 올리기 좋아하는 사람도 있을 것이다.

하지만 그런 활동의 목적이 혹시 나의 삶을 '구경거리로 삼는 일'이 되어버리지는 않았는가? 잘 사는 모습을 보이려고 애쓰다 보면 나보다 더 열심히 살아가고 있는 다른 사람들의 모습을 보았을 때 열등감을 느끼게 된다.

　　혹시 다른 사람의 삶을 보고 질투심에 사로잡혔다면 내가 진정 어떤 삶을 원하는지 곰곰이 생각해보자. 수많은 미디어를 통해 '이상적인 삶'이 연출되고 있는 시대다. 정보가 너무 많아서 오히려 내가 정말로 어떤 삶을 추구하고 있는지 알아차리기 힘들 때도 있다.

　　에머슨은 이렇게 말했다. "화려하고 불안정한 생활보다, 소박해도 거짓 없이 평온한 생활이 더 가치 있다." 내가 진정으로 원하는 삶을 인식하고 실천해나가면 다른 사람과 비교하는 일이 있더라도 자신의 선택에 만족할 수 있게 된다.

　　흔히들 다른 사람과 비교해서는 안 된다고 말하지만, 에머슨은 비교 자체를 부정하지는 않는다. 내 안에 확실한 중심이 잡혀 있다면 남들과 비교하면서 질투나 조바심 같은 감정에 사로잡히는 일은 없을 것이다.

참다운 사람은 만물의 중심이 되어
어떠한 환경에서도
반드시 주도권을 갖는다.

〈자기신뢰*Self-Reliance*〉

언제나 주도권을 쥐고 살아갈 수 있다는 말을 들으면 어떤 느낌이 드는가?

에머슨은 '참다운 사람'에게는 가능한 일이라고 말한다. 참다운 사람이란 본연의 삶의 태도를 지니고 살아가는 사람이다. 자신의 가치를 알고, 재능을 살리면서, 주체성을 가지고 살아간다는 뜻이다. 한데 그렇게 살지 못하는 이유는 자신에게 그럴 수 있는 능력이 있음을 온전히 믿지 못하는 데 있다고 에머슨은 이야기한다.

사회적 관습을 따라 살아갈 수밖에 없다고 생각하면 내 인생의 주도권을 주위 환경에 넘겨주게 된다. 하지만 나의 의지로 모든 것을 선택할 수 있다는 사실을 믿으면 주도권은 나에게 넘어온다. 그게 어렵다면 일단은 나에게 일어나는 모든 일이 결국엔 좋은 쪽으로 작용할 것이라고 생각하자. 이를테면 직장 생활이 힘들더라도, 결과적으로는 나를 성장시키는 기회가 된다는 긍정적인 측면을 보는 것이다. 그러한 장점을 얻기 위해 내가 스스로 선택한 길이라고 생각하자.

세상을 바라보는 관점은 나에게 달렸다. 사회가 마치 나에게서 주도권을 빼앗아간 것처럼 보이지만, 객관적으로 보면 사회란 그저 한 사람 한 사람의 집합체일 뿐이다. 그 사실을 깨닫는다면 무한한 가능성을 품은 '참다운 사람'으로 살아갈 수 있다.

나 자신을 고집하자.
다른 사람을 따라 하는 순간,
이도 저도 아니게 된다.

〈자기신뢰*Self-Reliance*〉

　'자신을 고집한다'는 것은 나 자신을 온전히 믿으며 나
를 중심으로 바로 서는 것이다.

　에머슨은 "자신을 온전히 믿어야만 천부적 재능을 발휘
할 수 있다. 다른 사람을 흉내 낸 능력은 불완전할 뿐이다."

라고 말한다. 그러나 지나치게 자기중심적으로 생각하는 것도 문제가 있다. 나의 잣대로만 사물을 재단하게 되어 조금이라도 자신의 감각에 맞지 않으면 거부 반응을 나타내기 때문이다. 이직을 반복하거나 연애를 오래 지속하지 못하는 사람은 너무 강한 자아에 휘둘리고 있는지도 모른다.

진정한 자아란 대나무 같은 존재가 아닐까 싶다. 대나무는 바람을 받으면 부드럽게 휘어진다. 눈이 쌓이면 자연스럽게 흔들어 떨어뜨린다. 유연하지만 근본이 흔들리는 일은 없다. 뿌리가 사방으로 뻗어 있어 한 그루의 대나무가 말라 죽어도 또 다른 장소에서 새로운 대나무가 태어난다. 일종의 '강인함'을 지녔다고 할까. 굳세고도 자유로우며 관용적인 존재라 할 수 있다.

자아의 중심이 잡혀 있다는 것은 어떤 일에도 끄떡없는 거목이어야 한다는 뜻은 아니다. 거목처럼 강해지고 싶어서 다른 사람을 따라 하며 이런저런 스킬로 단단히 무장하려 들지는 않았는가? 다른 사람의 흉내에 그치는 한 오래 지속되지도 않을뿐더러 유연성이 부족하면 잘되지 않는 일들도 많을 것이다.

나를 중심으로 바로 서되 유연성을 갖추고 있어야 흔들리는 일 없이 굳건하게 중심을 잡을 수 있다.

**사람은 자신의 인생을 지배할 수 있는
최고의 권리를 가지고 있다.**

〈영적 법칙*Spiritual Laws*〉

우리는 자신의 뜻대로 인생을 움직일 수 있는 권리를 갖고 있다. 그런데도 그 권리를 스스로 침해하고 있지는 않은가?

권리 침해의 예를 들자면 다음과 같다.

① 세상 사람들의 평가를 신경 쓰느라 나에게 맞지 않는
   선택을 한다.
② 외부 세계에 답이 있다고 생각하며 계속 찾아 헤맨다.
③ 자신을 과대평가하거나 이상적인 모습을 가장한다.

에머슨은 자신에게 필요한 것, 걸맞은 것에 자연스럽게
마음이 끌리기 마련이라고 말한다. 우리에게 어떤 특정한
사건이 일어났을 때 어쩐지 평소보다 특별한 의미를 가진
것처럼 느껴지는 까닭은 바로 그 때문이라는 것이다.
   "무언가가 중요하다는 느낌이 든다면 소중히 여겨야 한
다. 자신의 느낌을 무시하고 좀 더 평범하고 일반적인 사
례나 사실을 문학 등에서 찾으려 해서는 안 된다. 내가 진
심으로 위대하다고 생각할 수 있는 것이 위대한 것이다.
영혼이 강조하는 것은 언제나 옳다."
   에머슨의 명쾌하고 본질적인 제안이다. 영혼이 강조하
는 것을 무시하면 우리는 죽은 것과 다름없이 살아가게 된
다. 내 인생의 키를 넘겨주게 되기 때문이다. 우리들이 살
아가는 시간은 한정되어 있는데, 그렇게 되면 인생이 너무
아깝지 않겠는가?

물처럼 살면, 어디든 흘러갈 수 있다.

〈영적 법칙*Spiritual Laws*〉

에머슨은 '자연의 법칙'에 따라 살아가는 삶의 중요성을 논하고 있다. 이는 세상의 도리, 사물 본연의 모습, 절대적인 진리라고도 할 수 있을 것이다. 있는 그대로의 대자연에서 배우게 되는 것들도 자연 법칙의 하나다.

대표적인 자연으로 바로 '물'이 있다. 흐르는 물은 장애물을 만나 부딪치더라도 멈추는 일 없이 앞으로 나아간다. 물은 우리가 살아가는 동안 의문이 들거나 세상일이 뜻대로 잘 풀리지 않더라도 어쨌든 앞으로 계속 나아가야 한다는 사실을 가르쳐준다.

구체적으로 이야기하자면 정말로 어쩔 도리가 없는 일은 그냥 넘기자는 말이다. 아무리 노력해도 자신의 능력으로 해결할 수 없는 일은 너무 집착하지 말고 어쩔 수 없다는 사실을 받아들이자. 중요한 것은 앞으로 나아가는 일이다.

그렇게 물이 흐르는 것처럼 살아가다 보면 마침내 순풍이 불어왔을 때, 단숨에 기세를 몰아갈 수 있다. 기회가 왔을 때 최고의 성과를 이끌어 낼 수 있는 것이다. 반면 문제가 있을 때마다 멈추어 서서 저항하거나, 감정적이 되거나, 분수에 맞지 않는 일을 하면 기회의 흐름을 타지 못하고 순풍을 놓치게 된다.

물처럼 살아가면, 분명 우리는 어디로든 갈 수 있다.

**인간은 '자신의 가치'를 스스로 매길 수 있다.
그리고 행동으로 보여주면
모든 이가 침묵하고 그 가치를 인정한다.**

〈영적 법칙*Spiritual Laws*〉

남들이 나를 어떻게 평가할지 신경 쓰이는 것은 당연하
다. 하지만 내가 어떤 평가를 받는 게 마땅한지, 다시 말해
나의 진짜 가치를 정하는 사람은 바로 나 자신이다.

에머슨은 이렇게 단언한다. "세상은 우리가 자신의 실상

이나 스스로의 행동에 대해 부여한 평가를 그대로 받아들인다."

나부터 나 자신을 한심한 인간이라고 생각하며 자신감 없이 행동하면 세상도 나를 그런 사람이라고 판단한다. 하지만 내가 위대한 일을 해낼 수 있다고 생각하며 노력하면 주위 사람들도 나를 그렇게 인정한다.

내가 나를 어떻게 평가하는지 세상 사람들에게 알리려면 행동으로 보여줄 수밖에 없다. 에머슨은 말로는 전해지지 않는 법이라고 이야기한다. 그러나 나의 가치를 스스로 정하고 그 가치가 전해지도록 행동하기 시작하면 모든 이가 순순히 그에 동의한다는 것이다.

자신의 가치를 어떻게 정해야 할지 모르겠다고 말하는 사람도 있다. 나는 그럴 때 "당신이 이루고 싶은, 혹은 이룰 수 있는 가장 큰 목표는 무엇입니까?" 하고 묻는다.

연 수입이 얼마가 되었으면 좋겠다거나 사장이 되고 싶다거나 어떤 목표든 상관없다. 그 목표를 자신의 가치로 삼자. 그리고 그 목표를 실현하기 위해 필요한 일을 하나씩 행동으로 옮기자. 그러면 이 세상은 우리를 그만한 가치가 있는 사람이라고 여길 것이다.

얼굴은 결코 거짓말을 하지 않는다.

〈영적 법칙*Spiritual Laws*〉

　사람의 성격이나 심리 상태가 얼굴에 드러난다는 이야기는 동서고금을 막론하고 널리 알려진 사실이다. 노예 해방을 이끈 미국의 대통령 에이브러햄 링컨은 이렇게 말했다. "40세가 넘으면 자기 얼굴에 책임을 져야 한다." 이는 물론

외모의 아름다움을 말하는 것이 아니라 40대에 접어들면 이제까지의 삶이 고스란히 얼굴에 드러난다는 뜻이다.

에머슨은 표정 변화에 주의를 기울이는 사람은 다른 사람에게 속을 걱정이 없다고 말한다. 자신 있게 진실을 말하는 사람은 맑은 눈과 시원스러운 표정을 하고 있으며, 거짓을 말하는 비굴한 사람은 탁한 눈과 흐린 표정을 하고 있다.

사람의 표정에 가장 영향을 미치는 것은 불안과 두려움이다. 불안과 두려움에 사로잡히는 일이 많아지면 생기를 잃게 된다. 부정적인 감정에 휩싸이다 보면 스스로 깨닫지 못하는 사이에 표정이 굳어지고, 같은 연령대의 사람들보다 훨씬 노안이 되어버리는 것이다.

아침에 거울을 들여다보는데 '어라, 몸 상태는 나쁘지 않은데 오늘따라 얼굴이 이상하네.' 하는 생각이 든다면 나를 향한 긍정적 기운이 떨어지고 부정적 감정이 비집고 나오는 중인지도 모른다.

그럴 때는 기분 전환이 될 만한 일을 해보자. 가장 간단한 해결법은 평소보다 한 시간 더 길게 수면을 취하는 것이다. 그런 식으로 자신을 관찰하면서 기분 전환이 될 만한 일을 하나씩 해나가다 보면 '좋은 얼굴'을 지니고 나이 들어갈 수 있을 것이다.

**나 자신이 믿지 못하는 일은
그 어떤 말로도 적절하게 표현할 수 없다.**

〈영적 법칙*Spiritual Laws*〉

아무리 달변가라 하더라도, 아무리 열심히 노력하더라
도, 자신이 믿지 못하는 일에 대해서는 제대로 표현할 수
없다. 스스로도 믿지 못한다는 사실이 이야기를 듣고 있는
상대에게 전해지기 때문이다. 마음 한구석에 의심을 품은

채 진행하는 일은 끝내 잘되지 않지만, 반대로 진심으로 확신하는 일을 진행할 때는 순조롭게 일이 풀린다.

즉 '자기 자신을 믿고 있으면 무슨 일이든 잘된다.'라고 할 수 있는데, 자기만 옳다고 완고한 태도를 취하거나 융통성을 잃고 마는 것은 사실은 스스로를 완전히 믿고 있지 않다는 방증이다. 자신감이 없기 때문에 자신의 정당성을 주장하려고 기를 쓰고 덤비는 것이다.

정말로 자신을 믿는 사람은 주체성과 유연성 양쪽을 모두 가지고 있다. 상담을 하다 보면 이 상반되는 성질을 동시에 지니지 못한 사람이 무척 많다는 사실을 깨닫는다. 두 성질을 다 갖는다는 게 어떤 의미인지 모르겠다는 사람도 있다. 지나치게 진지한 사람은 주체성을 가지는 일만 신경 쓰느라 유연성의 중요성을 놓치고 마는 듯하다.

자신을 진심으로 신뢰하면 안정적인 신념을 가지게 되어 사소한 일은 가볍게 넘길 수 있게 된다. '상사가 멋대로 말해도 신경 안 써.' '그 사람은 어쩔 수 없는 사람이니까 그냥 내버려두자.' 하고 유연하게 대응할 수 있는 것이다. 이렇듯 자신을 신뢰하는 사람의 발언에는 자연스럽게 힘이 실리게 되어, 어떤 말을 하더라도 어딘지 모르게 설득력을 갖는다.

남을 잘 비판하는 사람은
자신이 무엇을 하면 좋을지
모르는 사람이다.

〈영적 법칙*Spiritual Laws*〉

　스스로에게 자신감이 없고 삶의 보람을 찾지 못하는 사
람은 자신의 의식을 외부 세계로만 향한다. 모든 일을 비
판하고 다른 사람과 비교하며 남을 탓하기 바쁘고 이해득
실만 따지는 행동이 두드러진 것이 특징이다. 그런 사람들

은 무슨 일을 하든지 외부에서부터 얻게 되는 것, 즉 사회적 지위, 돈, 다른 사람들의 칭찬 등을 중시한다.

자신의 행동을 잘 관찰해보고 만일 내가 외부 세계에만 주의를 기울이고 있다는 생각이 든다면, 의식적으로 나의 내면을 들여다보도록 하자.

구체적인 방법으로는 나의 내면을 성장시키기 위해 노력하기, 내 능력을 살리는 방안 찾기, 어떤 일이든 혼자 힘으로 할 수 있다고 믿고서 행동으로 옮기기가 있다. 그렇게 하면 자신감이 생겨 주도권을 가지고 자기 인생을 움직일 수 있는 '독립적'인 사람이 될 것이다.

에머슨의 영향을 받은 일본 근대의 지식인 후쿠자와 유키치는 다음과 같이 말했다.

"독립적이지 못한 자는 반드시 남에게 의존한다. 남에게 의존하는 자는 반드시 남을 두려워한다. 남을 두려워하는 자는 반드시 남에게 아첨한다."

이런 인생이 불행하다는 사실은 말할 필요도 없다. 누군가를 비판하고 있는 스스로의 모습을 깨닫는다면, 지금 자신의 의식이 어디로 향하고 있는지 생각해보자.

**내가 꿈꾸던 이상적인 모습에
가까워지지 못하는 것은
자연스러운 일이다.**

〈신*The Over-Soul*〉

어릴 적에 꿈꾸던 서른 살의 나와 실제로 서른 살이 된 나를 비교한다면 대부분의 사람이 큰 차이를 느끼지 않을 까? 과거에 상상한 '되고 싶은 모습' 또는 '되어야 할 모습' 과 실제의 자신은 격차가 있음을 깨달을 것이다.

믿음직한 어른이자 걱정이나 불안을 느끼는 일은 거의 없는 서른 살의 나를 상상하고 있었다고 하자. 그런 내 모습을 진심으로 원한다면 나아가는 방향이 틀렸다는 사실을 솔직히 인정하고 원점으로 돌아가는 기회로 삼으면 된다. 그 꿈을 실현시키기 위해 노력하면 되는 것이다. 나를 믿고 나아가면 반드시 내가 원하던 내 모습이 될 수 있다.

만일 지금의 내 모습이 어렸을 때 꿈꾸었던 이상적인 모습과 어긋나 있다고 해도 괜찮다. '이런 서른 살도 있는 거지. 이게 바로 나야.' 하고 스스로 납득할 수 있다면 전혀 문제없다. 그렇게 생각할 수 있다는 것은 내가 나를 중심으로 바로 서 있고, 나 자신을 신뢰한다는 증거기 때문이다. 어떤 일을 하든 어떤 직함을 가지든 자기신뢰에 의해 빚어진 품격을 모두가 느낄 수 있을 것이다.

그러나 다른 사람들의 눈에 근사한 서른 살로 보이더라도 자신의 중심이 흔들린다면 그 정도의 품격밖에 갖추지 못하게 된다. 그럴듯한 직함에도 불구하고 어쩐지 그 사람은 자신감이 없어 보인다는 평가를 받는다.

**위대한 사람일수록
평범한 하루를 충실하게 보낸다.**

〈신*The Over-Soul*〉

에머슨은 자신에 대해 다른 사람에게 이야기할 때 그 사람의 품성이 드러난다고 말하며 다음과 같은 예를 들어 설명했다.

허영심 강한 사람은 사회적 지위가 높은 사람들이 자신

에 대해 어떻게 말했는지 떠벌리며, 그들의 말을 빌려 자신의 경력을 화려하게 꾸미려고 한다.

야심이 있는 사람은 자기가 가진 좋은 물건을 남들에게 자랑한다. 다른 사람에게 받은 명함이나 인사장도 두고두고 간직하는 듯하다.

좀 더 교양 있는 사람이 되면 자신의 경험을 이야기할 때, 재능 있는 친구나 여행지에서 본 근사한 풍경에 대해 말하며 자기 인생에 풍취를 더하고자 한다.

한층 영성이 높은 사람은 미사여구로 자신을 포장하려 들지 않는다. 칭찬을 갈구하지 않고 평범한 하루를 성실하게 살아간다.

가장 고상한 정신을 가진 사람은 겸허하고 순수하다. 그 마음은 지극히 평온하고 여유로우며 안정되어 있다. 초조, 불안, 분노, 두려움 같은 감정 때문에 마음이 답답해질 때면 고상한 사람의 마음가짐을 따라 해보자. 누군가에게 칭찬을 받으려는 생각을 버리고 진지한 자세로 평범한 하루를 보내는 것이다. 그것만으로도 마음이 차분해지고 정신이 안정될 것이다.

**내 마음의 소리야말로
가장 신뢰할 수 있는 존재다.**

〈신*The Over-Soul*〉

실제로 입 밖으로 내어 말한 소리든 마음의 소리든 내 목소리는 나 자신이 가장 가까이에서 듣는다. 에머슨은 자신의 목소리야말로 가장 신뢰할 수 있으며 '귀를 기울여야 할 소리'라는 사실을 믿어 의심치 말아야 한다고 강한 어조로 말하고 있다.

　다만 마음이 '이건 이상해. 잘못된 것 같아.'라고 주장하고 있는데도 회사나 상사의 명령에 따라야만 하는 경우도 있을 것이다. 그렇더라도 내 목소리를 정확히 인식한 다음에 어디까지나 일은 일로서 경계선을 긋고 명령을 실행한다면 괜찮다. 하지만 행동으로 옮기는 동안 마음까지 따라가버려서 초심을 잃어버리는 이들이 있다. 자기 자신을 잃지 않도록 처음 들었던 마음의 소리를 잊지 말아야 한다.

　거짓된 마음의 소리에 휘둘리는 사람도 있다. 좋은 파트너, 좋은 부모가 되고 싶어서 노력하는데도 잘 안 되는 경우가 있을 것이다. 어쩌면 '사람들에게 잘 보이고 싶어.' '나였다면 이렇게 해주길 바랄 텐데.' 하는 편향된 시각에서 오는 행동이기 때문은 아닐까. 이것은 에고ego의 목소리일 뿐, 진정으로 내 마음이 말하는 소리가 아니다. 다른 사람을 위해서 어떤 행동을 할 때는 그 사람이 무엇을 원하는지를 먼저 생각하자. 그렇게 하면 비로소 진짜 마음의 소리가 들려온다. 진실한 마음의 소리를 지침으로 삼으면 인생은 잘 풀려나갈 것이다.

자신의 생각을 믿는 것.
나에게 진리인 것은
누구에게나 진리인 법이라고 믿는 것.
그것이야말로 천재성이다.

어른은 자의식의 감옥에 갇혀 있다.

우리의 삶은 구경거리가 아니다.

참다운 사람은 만물의 중심이 되어
어떠한 환경에서도
반드시 주도권을 갖는다.

나 자신을 고집하자.
다른 사람을 따라 하는 순간,
이도 저도 아니게 된다.

사람은 자신의 인생을 지배할 수 있는
최고의 권리를 가지고 있다.

물처럼 살면, 어디든 흘러갈 수 있다.

인간은 '자신의 가치'를 스스로 매길 수 있다.
그리고 행동으로 보여주면
모든 이가 침묵하고 그 가치를 인정한다.

얼굴은 결코 거짓말을 하지 않는다.

나 자신이 믿지 못하는 일은
그 어떤 말로도 적절하게 표현할 수 없다.

남을 잘 비판하는 사람은
자신이 무엇을 하면 좋을지
모르는 사람이다.

내가 꿈꾸던 이상적인 모습에
가까워지지 못하는 것은
자연스러운 일이다.

위대한 사람일수록
평범한 하루를 충실하게 보낸다.

·

내 마음의 소리야말로
가장 신뢰할 수 있는 존재다.

II

Work

일

평범한 사람은 '일'로 인정받고,
고결한 사람은 '인품'으로 인정받는다.

〈역사*History*〉

좋은 결과를 얻기 위해 훌륭한 일을 하고 싶어 하는 사
람은 많을 테지만, 자신의 인격을 닦으려고 생각하는 사람
은 얼마나 있을까?

회사는 성과를 중시하는 곳이므로 좋은 일을 맡는 것은

중요하다. 그러나 에머슨은 그 단계에 머물러 있는 사람을 '평범한 사람'이라고 말한다. 반면 맡은 일에서 좋은 결과를 내는 것은 물론이거니와 훌륭한 인품으로도 존경받는 사람을 '고결한 사람'이라고 표현하고 있다.

미국의 경영학자 피터 드러커는 "관리자가 고결한 품성을 가져야 지도력을 발휘해 많은 사람들의 규범이 될 수 있다."라고 말했다. 리더로서 부하들의 신뢰를 얻고 싶다면 고결한 인격을 갖추어야 한다는 것이다.

고결한 인격이란 어떤 것일까? 나는 '상대를 존경할 수 있는지 아닌지'가 관건이라고 생각한다. 상대를 존경한다는 것은 그 사람의 장점을 인정한다는 소리다. 그리고 상대 또한 그의 가치관으로 사물을 바라본다는 사실을 인식하는 것이다. 신뢰받는 리더는 자기 나름대로의 신념을 가지면서도 다른 사람의 가치관을 이해한다. 그러한 사람은 커뮤니케이션을 취하는 데도 능숙하다.

고결한 인격은 그 사람의 말과 행동, 표정이나 태도에 드러나게 되어 그 자체로 가치를 인정받는다고 에머슨은 말한다.

**자신이 무엇을 할 수 있는지는
자신밖에 알 수 없다.
아니, 자신조차도
해보기 전에는 모르는 법이다.**

〈자기신뢰*Self-Reliance*〉

어떤 일을 하기에 앞서 과연 내가 무엇을 할 수 있을지,
어떠한 전문 지식을 배워야 할지 고민하게 될 때가 있다.
그럴 때 에머슨은 "일단 행동하라."라고 말할 것이다. "아
무리 생각해도 해보기 전까지는 알 수 없는 법이다."

생각한 것을 행동으로 옮기다 보면 점점 답이 보이기 시작한다. 하지만 머리로 생각만 하고 있으면 이런저런 부정적인 감정들에 시달리게 된다. 답이 나오지 않는 문제에 대한 초조함이나 기회를 놓쳤다는 후회 등에 사로잡힐 수 있다.

독일의 시인 괴테는 이렇게 말했다. "초조해하는 것은 아무런 도움이 되지 않는다. 후회는 더더욱 쓸모가 없다. 초조함은 실수를 늘리고 후회는 새로운 후회를 낳는다."

부정적인 감정에 사로잡히기 전에 행동을 시작하는 것이 '내가 할 수 있는 일'을 발견하기 위한 가장 빠른 길이다.

애써 행동을 시작하더라도 일이 잘 풀리지 않거나 좋은 평가를 받지 못하는 경우도 있을 수 있다. 그래도 온 힘을 다해 계속 맞서 싸우다 보면 그 한결같은 모습을 보고 응원해주는 사람이 틀림없이 나타난다. 행동심리학에서는 이를 '언더독 효과underdog effect'라고 하는데, 서투르더라도 열심히 하는 모습을 보면 응원하고 싶어지는 심리가 작용한다는 뜻이다. 진지한 자세로 임하는 한 우리의 노력이 물거품으로 돌아갈 일은 없다.

17

세상의 견해를 따르는 것은 쉽다.
홀로 있을 때 자신의 생각을
따르는 것도 쉬운 일이다.
그러나 위대한 사람은 군중 속에 있으면서도
온화하게 독립심을 지킬 수 있다.

〈자기신뢰*Self-Reliance*〉

'군중 속'을 '회사 안'으로 바꿔서 생각해보자.

일을 할 때 회사의 방침에 따르는 것은 매우 쉽고, 혼자 행동할 때 자기 방식을 밀고 나가는 것도 간단한 일이다. 그러나 조직 속에 있으면서도 혼자 있을 때의 신념을 '온화하게' 지킬 수 있는 사람이야말로 위대한 사람이라고 에머슨은 이야기한다. 회사의 꼭두각시가 되지 않고, 그렇다고 주위 사람들에게 자신의 생각을 강요하지도 않으며, 차분하게 자기 자신을 유지하고 있는 사람을 뜻하는 것이다.

이렇게 온화한 태도로 있을 수 있는 사람은 자기 효능감self-efficacy을 가지고 있는 사람이다. 자기 효능감이란 어떤 상황에 놓이더라도 '나는 분명히 잘할 수 있어.'라고 생각할 수 있는 능력을 말한다. 이 믿음이 있으면 무슨 일을 하든 긍정적인 태도로 임하기 때문에 좋은 결과를 이끌어내기 쉬워진다. 자기 효능감이 없으면 '어차피 난 못 할 거야.'라고 생각하기 때문에 행동할 기력조차 생기지 않는다. 간신히 행동에 옮겼다고 해도 성공할 확률은 낮아진다.

자기 효능감을 가지기 위한 첫걸음은 스스로 나 자신을 칭찬하는 것이다. 그래야 자신감과 유능감의 단계로 나아갈 수 있다. 그조차 어렵다면 우선은 나와 주위 사람, 사물에 대해 '부정하는 행동'을 그만둬보자. 부정적인 말이 많은 사람과 될 수 있는 대로 거리를 두자. 긍정의 힘이야말로 자기 효능감의 토대가 된다.

나의 일을 하자.
그러면 나의 힘이 강해진다.

〈자기신뢰*Self-Reliance*〉

에머슨이 말하는 '나의 일'이란 나에게 꼭 맞는 직업을 말
한다. 자신에게 맞는 일을 찾는 것은 인생의 큰 과제다. 그
과제를 마칠 수 있으면 삶의 방식이 극적으로 변할 것이다.

나에게 맞는 직업에 종사하고 있으면 일하는 시간이 즐

겁고 알찬 시간이 된다. 그러면 점점 자신의 힘을 발휘할 수 있게 되어, 개성이 빛나게 되는 동시에 내 안에 흔들리지 않는 하나의 중심이 생긴다. 모든 면에서 '나의 힘'이 강해지는 것이다.

그렇다면 나에게 맞지 않는 일을 하게 되면 어떤 폐해가 있을까? 우선은 본래 가지고 있던 힘이 발휘되지 못한 채 묻히게 된다. 나의 개성이 무엇인지 내가 진짜 어떤 사람인지 알 수 없게 되고 의욕도 사라진다. 타성에 젖어 일하게 되다 보니 당연히 좋은 결과를 이끌어낼 수 없다. 그런 식으로는 일하는 기쁨을 느끼기 어려울 것이다.

적성을 발견하는 법을 에머슨에게 묻는다면 역시나 "일단 행동하라."라는 말로 시작할 것이다. 그리고 다음 세 가지를 강조하리라는 생각이 든다.

① 가장 가까운 사람에게 공헌할 수 있는 일을 생각하라.
② 타인의 시선에 신경 쓰는 태도를 버려라.
③ 혼자 힘으로 살아가겠다는 각오를 하라.

이 세 가지는 모두 에머슨이 인생의 지침으로 삼았던 것이다.

바로 지금, 옳은 일을 하자.
겉모습만 신경 쓰는 태도를 버리면
올바른 삶의 태도를 취할 수 있다.
그러한 경험이 쌓이면
미래의 자신을 지키는 존재가 된다.

〈자기신뢰*Self-Reliance*〉

에머슨은 올바른 삶의 방식을 계속 실천하는 일의 중요
성을 이야기하고 있다. 자신이 옳다고 생각하는 바를 실천
해나가다 보면 그 경험이 쌓여 '자신을 지켜주게 된다'는
것이다.

무엇이 올바른 행위인지는 상황과 입장에 따라 달라진다. 에머슨은 남의 시선을 신경 쓰거나 표면적인 것들에 얽매이지 않으면 바르게 행동할 수 있다고 말했다. 이는 언제나 본질을 보아야 한다는 뜻이 아닐까.

예를 들어 리더의 입장에서 다른 사람을 움직이는 지휘관 역할을 해야 하는 경우가 있다.

'어떻게 해야 사람이 움직이는지' 그 본질을 알지 못한다면, 리더로서 올바른 행동을 취할 수 없을 것이다. 단순히 '당근과 채찍'을 사용하면 움직일 거라고 생각할지도 모른다.

그러나 본질을 바라보는 사람은 인간에게 강한 인정 욕구가 있다는 것을 알기에, 상대를 존경하고 진심으로 칭찬하지 않으면 진정한 의미로 상대를 움직이는 게 불가능하다는 사실을 이해한다. 그리고 자신이 옳다고 생각하는 일을 계속 실천해나간다. 시간이 지나도 그 경험은 사라지지 않는 재산이 된다.

올바른 행동을 계속하는 것이 미래의 자신을 지켜준다는 진실을 에머슨은 "위대함은 미래에 호소한다.Greatness appeals to the future."라는 말로 표현하고 있다. 실로 에머슨답게 솔직하고 운치 있는 표현이다.

자신을 믿는 사람이
모든 일, 인간관계, 경제,
사회 구조, 사람들의 가치관에
'혁명'을 일으키는 것은 틀림없는 사실이다.

〈자기신뢰*Self-Reliance*〉

혁신의 아이콘 스티브 잡스야말로 이 말대로 살았던 사
람이 아닐까? 그는 컴퓨터와 휴대전화 같은 분야에서 혁
신적인 제품을 세상에 내놓고, 세상의 가치관과 구조를 완
전히 변화시켰다. 잡스의 언동은 항상 자신감에 차 있었기

에 그 안에 '위대한 자기신뢰'가 뿌리내리고 있었다는 사
실을 쉽게 상상할 수 있다.

자기신뢰가 커지면 커질수록 잡스의 능력은 빛을 발했
을 것이다. 행동하는 힘, 사람을 매료시키는 힘, 역경을 넘
어서는 힘, 동료와 부하들을 이끄는 힘, 그리고 그들의 능
력을 이끌어내는 힘……. 자신을 믿는 사람은 자신뿐만 아
니라 주변 사람이 활약할 자리 또한 만들어낼 수 있다. 경
영자로서 잡스는 의도적으로 그렇게 행동했다.

잡스가 남긴 말 중에 "준비만 되어 있으면 사람은 자신
의 한계를 뛰어넘는 일을 해낼 수 있다."라는 명언이 있다.
상대방이 재능을 최대한으로 발휘할 수 있도록 환경을 마
련해야 한다는 뜻이다. 이러한 잡스의 사고방식이야말로
애플을 발전시킨 가장 큰 요인 중 하나였음이 틀림없다.

리더에게 무엇보다 필요한 것은 자기신뢰의 힘이다. 자
신을 믿는 힘만 갖추어져 있으면 그 외의 힘은 자연히 따
라오지 않을까. 이를 이해하고 있는 사람은 의외로 적을지
도 모른다.

**사람은 태어날 때부터 천직을 부여받는다.
그 길로 나아간다면
어떤 장애물도 장애가 아니게 된다.**

〈영적 법칙*Spiritual Laws*〉

"사람은 강에 띄운 배 같은 존재다. 어디로 나아가든 장애물은 존재하지만, 한 방향만큼은 예외다. 그 방향으로 나아가면 모든 방해물이 사라지고, 깊어지는 물길을 따라 순조롭게 무한한 바다에 이르게 된다."

에머슨은 자신의 적성에 꼭 맞는 직업을 향해 나아가는 과정을 이렇게 표현하고 있다. 나의 길은 이미 내 안에 있다. 그 길을 선택해 그 방향으로 나아가면 모든 방해 요소가 없어진다는 것이다.

엄밀히 말하면 '장애물이 저절로 사라진다'는 뜻은 아니다. 나의 적성을 향해 나아가면 장애물을 장애라고 생각하지 않기에, 노력하는 것이 고통스럽지 않고 끝까지 노력하는 것을 당연하다고 여기게 된다. 방해 따위는 아랑곳하지 않을 수 있는 일이 바로 천직이라는 것이다. 그때 우리는 재능을 발휘해 사명을 완수하게 된다.

자신의 재능과 사명을 찾아내고자 하는 사람에게 나는 먼저 '도저히 견딜 수 없어서 그만둔 일은 어떤 일이었는지' 물어본다. 그다음에는 '어떻게든 참고 해낼 수 있었던 일은 무엇이었는지' 묻는다. 보통은 포기할 법한데도 계속할 수 있었던 일, 그 안에 천직으로 이어지는 작은 물길이 숨겨져 있다. 그 흔적을 더듬어가다 보면 깊은 물길로 나아가 언젠가 재능을 충분히 살릴 수 있는 드넓은 바다에 다다르게 될 것이다.

영혼의 목소리를 따르면 경쟁 상대가 사라진다.
진심으로 자신의 능력을 발휘할 때
그 사람은 그 누구와도
완전히 다른 일을 해내기 때문이다.

〈영적 법칙Spiritual Laws〉

세상을 떠난 지 25년도 더 지난 지금까지도 사랑받는 일
본의 영화배우, 마츠다 유사쿠는 이렇게 말했다. "당신들
은 나에게 절대 이길 수 없다. 왜냐하면 나는 24시간 영화
만 생각하고 있기 때문이다."

자신의 천직을 발견해서 그 길을 향해 나아가는 사람은 '무한한 노력'을 기울이게 되기 때문에 결국에는 라이벌이라고 할 수 있는 존재가 사라진다. 경쟁한다고 해도 그 상대는 오직 자기 자신뿐이며, 그 사람이 해내는 일은 그 누구도 흉내 낼 수 없게 된다. 이런 사람의 특징을 구체적으로 이야기하면 다음과 같다.

① 자기 자신을 신뢰할 줄 안다.
② 감정이 흐트러지더라도 금세 침착성을 되찾고, 마음 정리가 빠르다.
③ '어쩐지', '아마'라는 말을 쓰지 않는다.
④ 자신에게 필요한 것은 곧바로 자신의 힘으로 찾아서 손에 넣는다.
⑤ 상대방의 마음을 읽고 때맞춰 도움을 준다.
⑥ 여러 가지 일을 한 번에 처리할 수 있다.
⑦ 구체적인 아이디어를 떠올리며, 떠오르는 즉시 행동에 옮긴다.
⑧ 쉽게 포기하지 않고 힘든 상황도 버텨낸다.

이 중 자신에게 해당하는 게 몇 가지인지 확인해보자.

많은 사람들이 되는대로 취직해서
살얼음판을 걷듯이 일하고 있다.
그것은 기계의 일부가 되는 일이며
자기 자신을 잃어버리는 일이다.

〈영적 법칙*Spiritual Laws*〉

자신의 적성이 무엇인지 탐색하는 과정 없이, 되는대로
적당히 취직한 사람은 자신의 일과 업계의 관습에 최대한
적응하려고 한다. 이를 두고 에머슨은 '살얼음판을 걷듯
이' 일한다고 표현하고 있다. '이렇게 해야만 해.' '이렇게

하지 않으면 안 돼.' 하면서 여러 가지 문제를 일일이 신경 쓰기는 하지만, 진짜 나다운 나는 잃어버린 지 오래다.

이러한 사람들은 앞에서 말한 여덟 가지 특징을 갖고 있지 않기에 자신을 믿지 못하고 감정적이 되기 쉽다. 애매한 표현을 많이 쓰고 상대의 기분을 파악하지 못하기 때문에 늘 타이밍이 나쁘다. 많은 일을 처리하지 못하며 발상력, 행동력, 인내력이 떨어진다.

그러면 '나는 어차피 회사라는 톱니바퀴의 일부분인걸.' 하는 느낌을 갖게 된다.

서서히 자기 긍정감, 자기 효능감이 사라지고 패배를 거듭한다. 자신감이 사라지고 주위와의 소통이 부족해지며 있을 곳이 사라지고 회사에 있어도 소속감을 느끼지 못하게 된다. 결국 비판만 늘어나기 마련이다. 그러다 끝내 포기하는 사람이 대부분이지만, 때때로 무리해서 일을 계속하다가 스트레스로 병에 걸리는 경우도 있다.

실은 과거의 나 역시도 거듭되는 패배의 경험 속에서 오랫동안 괴로워했다. 그러나 스스로 그곳에서 빠져나오겠다고 결심만 한다면 방향을 전환할 수 있다. 지금의 나는 내 적성에 꼭 맞는 길을 걸어가고 있다고 확신한다. 어떠한 역경 속에서도 우리는 새로운 인생을 다시 시작할 수 있다.

자신의 영혼이 기뻐하는 일을 하는 것이
다른 이에게 기쁨을 주는 일을 할 수 있는
최소한의 조건이다.

〈영적 법칙*Spiritual Laws*〉

'이제까지 없었던 서비스를 시작하고 싶다', '오리지널
상품을 개발하고 싶다' 등등 독자적인 일을 하고 싶어 하
는 사람이 많을 것이다. 그러나 말처럼 쉬운 일은 아니다.

에머슨 식으로 말하자면 먼저 '영혼이 기뻐하는 일', '사

명감을 가지는 일'을 하는 것이 다른 사람에게 기쁨을 줄 수 있는 독자적인 일을 하기 위한 최소한의 조건이다. 급여가 좋다거나 사회적 지위가 높다거나 하는 이유로 일을 선택한다면, 그 분야에서 주목받는 독창적인 일을 하기는 힘들 것이다.

독자적인 일을 시작하고 싶다면 우선 기초 지식이 탄탄하게 뒷받침되어 있어야 한다. 선인의 지혜를 진솔하게 받아들이고 빈틈없이 익혀서 자기 안에 반석의 토대를 마련하는 것이다.

이것은 불교에서 유래해 수행의 단계를 가리키는 '수파리守破離' 가운데 '수守'에 해당한다. 정말로 자신에게 알맞은 일이 아니라면 철저한 '수守'가 불가능하다. 그러나 사명감을 가질 수 있는 일이면 애써 노력한다는 의식조차 없이 계속 노력해나갈 수 있다.

우직한 '수'가 있기 때문에 '파破'의 단계에서 형식이나 관행을 타파할 때 자신의 개성을 발견할 수 있다. 그리고 '리離'의 단계에 이르면 이제까지 없었던 새로운 것을 제시할 수 있게 된다. 그때는 자신의 모든 능력을 남김없이 발휘하고 있는 상태일 것이다.

**아무리 시시한 일이더라도
자신의 독창성과 개성을 통해
고상하게 만들면 된다.**

〈영적 법칙*Spiritual Laws*〉

자신의 직업에 자부심을 가지고 있는가? '연봉도 낮은 걸.' '누구나 할 수 있는 일이니까.' 하면서 자신의 일을 낮게 평가하고 있지는 않은가? 이는 스스로를 깎아내리는 일에 지나지 않는다.

에머슨은 이렇게 말했다. "나의 일은 나의 인격을 표현하는 것이라고 인식해야 한다." 설령 자신의 뜻과 다른 일을 하고 있더라도, 그 일의 가치는 자신이 어떻게 생각하는지에 따라 달라진다. 에머슨은 하찮은 일을 하고 있다고 해서 자신의 인격이 보잘것없다고 생각하는 것은 어리석은 행동이라고 비판했다. 그저 되는대로 인생을 낭비하고 있다는 뜻이기 때문이다.

나의 친가는 양조장을 하고 있었는데 사업에 실패해서 거액의 빚을 떠안게 되었다. 당연히 이전과 같은 생활은 할 수 없게 되었고, 하는 일도 달라졌다. 그때 조부모님이 나에게 자주 하셨던 말씀은 "썩어도 준치, 누더기를 입어도 마음은 비단이라는 말이 있단다. 절대로 긍지를 잃어서는 안 된다."였다.

긍지를 잃지 않고 자신이 하고 있는 일을 받아들이면 그 일의 가치가 보인다. 그 가치에 대한 생각과 지식을 주위 사람들에게 전하라고 에머슨은 말한다. 그것이 가능해지면 사회로부터 올바른 평가와 인식을 얻을 수 있을 것이다. 나의 인식도 사회의 인식도 전부 나에게서 시작한다는 이야기다.

희망과 공포는 결과를 바꾸지 못한다.
자신을 믿는 힘만이 결과를 바꾼다.

〈영적 법칙*Spiritual Laws*〉

희망이나 공포 같은 감정은 전혀 개의치 않는다고 딱 잘
라 말할 수 있는 사람은 별로 없을 것이다. 그러나 에머슨
은 사람은 날 때부터 재능과 사명을 가지고 태어나기에,
외부에서 초래되는 감정은 신뢰할 만한 것이 아니라고 말

한다. 요컨대 감정에 휘둘리지 말라는 것이다.

가령 대기업에서 근무할 기회를 얻었다고 하자. 그렇다면 정말 내가 하고 싶은 일이 아니라고 해도 기쁠 것이다. 이런 기회가 두 번 다시 오지 않을지도 모른다는 생각에 거절하기 두려울지도 모른다.

그러나 자신의 사명에 부합하는 일이라면 당신은 바로 결단을 내릴 것이다. 고민하며 감정에 휘둘린다는 것은 자신의 재능이나 사명과 이어져 있는 일이 아니라는 뜻이다. 에머슨은 "어쩌다 운이 좋아서 손에 넣은 것은, 여름의 나뭇잎처럼 나타났다가 사라지는 존재다."라고 말하며, 이런 저런 일들에 일희일우—喜—憂하는 사람을 타이르고 있다.

직업을 선택할 때는 자신의 재능과 사명이 말하는 소리에 꼭 귀를 기울여야 한다. 그 소리를 듣기 위해서는 자신을 믿는 힘이 필요하다는 사실을 잊지 말자. 시인 괴테는 이런 말을 남겼다.

"나 자신을 믿자. 그러면 내가 어떻게 살아야 할지 보인다."

**자신의 가치를 믿자.
가치가 있는지 걱정하는 것은
무의미한 일이다.**

〈영적 법칙*Spiritual Laws*〉

훌륭한 업적을 남기는 사람은 스스로의 가치를 알고 있다. 자신의 가치를 알고 있기에 보통 사람이 이룰 수 없는 일을 해내는 것이다.

'나의 가치를 모르겠다.' 나에게도 가치가 있다고 믿을 수가 없다.' 이렇게 말하는 사람도 있을지 모른다. 그러나 에머슨은 누구나 가치를 가지고 있기에 이를 걱정하는 것은 무의미하다고 말한다. 에머슨은 자기 자신의 가치를 발견하기 위한 구체적인 방법으로 다음 네 가지를 제시하고 있다.

① 타인의 평가에 일희일우하지 말자.
② 주저하지 말고 자신의 의견을 말하자.
③ 내가 할 수 있는 일은 유일무이한 일이라는 것을 알자.
④ 남에게 인정받기 위한 조건은 내 안에 이미 갖추어져 있다는 사실을 알자.

이를 실천하는 것은 상당히 어려운 일이다. 직장처럼 공적인 장소에서는 더욱 어렵다. 그러나 자신의 가치를 믿고 있는 사람은 반드시 이 방법을 실천하고 있다. 평소 존경하거나 동경하는 사람이 있다면 그 사람을 가만히 관찰해보자. 아마 이러한 태도로 살아가고 있을 것이다. 이는 자신의 가치를 높이는 삶의 태도이기도 하다. 이를 실천하면 자신의 가치가 세상이 알려지지 못한 채 끝나는 일은 없을 거라고 에머슨은 단언하고 있다.

위대한 행위를 하길 원한다면,
내가 할 수 있는 일을
위대한 행위로 만들면 된다.

〈영적 법칙*Spiritual Laws*〉

언젠가 사업을 하고 싶다고 말하는 사람이 있다. 그 이
유가 그저 위대한 일을 하고 싶어서라면, 에머슨은 그 사
람을 졸렬한 마음의 소유자라고 말할 것이다. 그럴듯한 겉
모습을 통해서가 아니면 자신이 아무런 존재도 아니라고

느끼기 때문이라며 지적할지도 모른다. 그리고 이렇게 말할 것이다.

"위대한 일을 하려 들지 말고 내가 할 수 있는 일을 착실하게 한 다음, 그 일을 위대한 행위로 삼으면 된다."

그러자면 내가 무엇을 할 수 있는지, 누구를 위해서 하고 싶은지, 그러기 위해서는 무엇이 필요한지를 잘 알고 있어야 한다. 그다음에 구체적인 행동을 시작하면 머지않아 '위대한 행위'가 되어간다.

요즘 시대에 사업을 시작하려면 자기 자신의 특성에 대한 이해와 더불어 사회적 추이나 소비자의 관점에 대한 분석도 필요할 것이다. 고려할 사항이나 실천해야 할 일이 너무 많아 혼란스러울 수도 있다. 초조해하지 말고 하나씩 하나씩 행동에 옮기도록 하자.

에머슨은 아무리 사소한 행위라도 자신의 사명에 부합하는 일이라면, 언젠가 크게 발전해나갈 것이라고 말한다.

**많은 사람이 믿는 것이든
한 사람이 믿는 것이든 차이는 없다.**

〈신*The Over-Soul*〉

　설령 많은 사람들의 반대에 부딪히더라도 자기가 확신할 수 있다면 그 생각에 따라야 한다는, 에머슨의 믿음직스러운 말이다.

　세븐일레븐 일본 법인을 설립한 스즈키 도시후미는 창

업할 때 주위 사람들의 거센 반대에 부딪쳤다고 한다. 그럼에도 신념을 꺾지 않고 밀고 나가 마침내 사업을 큰 성공으로 이끌었다. 많은 사람들의 반대에도 불구하고 성공한 까닭은 그가 명확하고 현실적인 비전을 그리고 있었기 때문이다.

위대한 경영자 중 하나인 빌 게이츠는 '성공의 비결은 큰 비전을 가지는 것'이라고 말한다. 바꾸어 말하자면, 비전이 없으면 자신의 아이디어를 끝까지 믿는 것은 불가능하며 성공하는 일도 없다는 소리다.

위인들은 모두 '가능성은 무한하다.'라고 말하고 있다. 그 진리를 현실화하기 위해 중요한 것은 '자신의 목숨을 어떻게 사용할 것인지' 생각하는 일이다. 다시 말해 비전을 그리는 것이다.

다만 처음부터 당찮은 큰 목표를 세워서 이루려 하지 말고, 원하는 방향으로 나아가기 위해 필요한 작은 목표를 설정해보자. 작은 목표를 달성하기 위해 해야 할 일은 우리가 지금 바로 실천할 수 있는 일이다.

그날그날의 일을
평소와 똑같은 방식으로 반복하다 보면
자신이 지닌 힘을 믿을 수 없게 된다.

〈원*Circles*〉

똑같은 일을 매일매일 똑같은 방식으로 하다 보면 매너
리즘에 빠지게 된다. 그러면 지치기 쉬워지고, 그대로 계
속 일하다 보면 무력감에 사로잡힐지도 모른다. 자신을 회
복시키는 힘과 변화시키는 힘, 즉 원래의 내 모습으로 돌

아가는 힘 그리고 상황과 환경을 바꿀 수 있는 능력을 가지고 있다는 사실을 잊어버리게 되는 까닭이다.

나의 내담자 중에는 그런 상태에서 헤어나지 못하고 있는 사람이 무척 많다. 매너리즘에 빠져 자신을 잃어버린 사람들에게 나는 '지금까지 해본 적 없던 새로운 경험을 해보라'고 조언한다. 아주 작은 것이라도 좋다. 처음 써보는 샴푸로 바꿔 사용해보는 것도 좋고 평소에 곧장 집으로 돌아갔다면 선술집에 들러 한잔하는 것도 괜찮다. 새로운 경험을 맛보며 자기다운 감각을 돌아오게 하는 것이다.

의식적으로 새로운 것을 접하거나 어떤 일에 도전하고 있으면, 나를 회복하고 변화시키는 힘과 함께 결단력이 강해진다. 특히 비즈니스에서 결단력은 빼놓을 수 없는 부분이다. 성공 철학을 체계화한 미국의 나폴레온 힐은 "부를 축적하는 사람은 신속한 결단력을 가진다."라고 말했다. 하루하루를 어떻게 보내는지에 따라 당신이 발휘할 수 있는 능력이 달라지고, 나아가 인생을 바꿀 수 있다.

**재능은 모든 사람에게 갖춰져 있다.
성품은 열정과 함께 만들어가는 것이다.**

〈원*Circles*〉

재능talent은 모든 사람에게 갖춰진 것이다. 자신의 재능
을 발휘하면 돈을 벌 수 있고 사회에 공헌할 수도 있다. 그
러나 에머슨은 재능은 사회의 기존 제도나 가치관 속에서
발휘된다고 정의했다.

한편 성품character은 스스로 만들어가는 것이라고 말한다. 이 성품은 인격이라고도 말할 수 있겠다. 훌륭한 성품에는 사람들에게 희망과 용기를 주는 뛰어난 '분위기'를 만드는 힘이 있다. 이를테면 새로운 프로젝트를 시작할 때 모두를 의욕적으로 만들고, 성공을 확신하도록 이끄는 힘이라고 할 수 있다.

그러나 미숙한 성품은 사람들의 활력을 빼앗아 비참하고 유감스러운 결과를 초래한다. 목표 미달을 두고두고 질책하며 의욕을 꺾어버리는 것이다.

우리가 상사 또는 리더의 입장에 있다면 팀을 얼마나 활성화할 수 있을지는 우리의 성품에 달렸다. 좋은 성품을 갖기 위해서는 우선 수동적인 태도를 버리고 능동적으로 움직여보자. 어떤 것이 좋다는 생각이 들면 무작정 해보는 것이다.

에머슨은 "예로부터 열정을 잃고서 위대한 일을 달성한 사례는 없다."라고 말했다. 우리가 무언가에 푹 빠져 있을 때야말로 우리에게서 특별한 무언가가 새롭게 시작될 것이다.

평범한 사람은 '일'로 인정받고,
고결한 사람은 '인품'으로 인정받는다.

자신이 무엇을 할 수 있는지는
자신밖에 알 수 없다.
아니, 자신조차도
해보기 전에는 모르는 법이다.

세상의 견해를 따르는 것은 쉽다.
홀로 있을 때 자신의 생각을
따르는 것도 쉬운 일이다.
그러나 위대한 사람은 군중 속에 있으면서도
온화하게 독립심을 지킬 수 있다.

나의 일을 하자.
그러면 나의 힘이 강해진다.

바로 지금, 옳은 일을 하자.
겉모습만 신경 쓰는 태도를 버리면
올바른 삶의 태도를 취할 수 있다.
그러한 경험이 쌓이면
미래의 자신을 지키는 존재가 된다.

자신을 믿는 사람이
모든 일, 인간관계, 경제, 사회 구조, 사람들의 가치관에
'혁명'을 일으키는 것은 틀림없는 사실이다.

사람은 태어날 때부터 천직을 부여받는다.
그 길로 나아간다면
어떤 장애물도 장애가 아니게 된다.

영혼의 목소리를 따르면 경쟁 상대가 사라진다.
진심으로 자신의 능력을 발휘할 때
그 사람은 그 누구와도
완전히 다른 일을 해내기 때문이다.

많은 사람들이 되는대로 취직해서
살얼음판을 걷듯이 일하고 있다.
그것은 기계의 일부가 되는 일이며
자기 자신을 잃어버리는 일이다.

자신의 영혼이 기뻐하는 일을 하는 것이
다른 이에게 기쁨을 주는 일을 할 수 있는
최소한의 조건이다.

아무리 시시한 일이더라도
자신의 독창성과 개성을 통해
고상하게 만들면 된다.

희망과 공포는 결과를 바꾸지 못한다.
자신을 믿는 힘만이 결과를 바꾼다.

자신의 가치를 믿자.
가치가 있는지 걱정하는 것은
무의미한 일이다.

위대한 행위를 하길 원한다면,
내가 할 수 있는 일을
위대한 행위로 만들면 된다.

많은 사람이 믿는 것이든
한 사람이 믿는 것이든 차이는 없다.

그날그날의 일을
평소와 똑같은 방식으로 반복하다 보면
자신이 지닌 힘을 믿을 수 없게 된다.

재능은 모든 사람에게 갖춰져 있다.
성품은 열정과 함께 만들어가는 것이다.

III

Human Relations

인간관계

우리가 존경할 대상은
용기, 태도, 포용력, 인품이지
지위, 권력, 돈의 문제가 아니다.

〈역사 *History*〉

　사회나 조직 안에서 존경받고 싶은 사람은 많을 것이다. 높은 지위에 오르거나 연봉이 높은 직장에 다니면 존경받을 수 있다고 생각할지도 모르지만 이는 진짜 '존경'이 아니라 단순한 '존중' 아닐까? 지위나 재산을 잃게 되면 순식

간에 주위 사람들의 태도가 변할지도 모른다.

에머슨은 우리가 진정으로 존경을 표하는 대상은 지위나 권력이 아니라 상대의 인격 그 자체라고 말한다. 존경심은 상대의 입장이나 행동이 변한다고 해서 사라지는 것이 아니다. 진짜 존경을 얻고 싶으면 우선 상대방을 존경해야 한다. 오스트리아의 심리학자 알프레드 아들러는 존경이란 '눈앞의 사람을 조종하려 들지 않고, 있는 그대로의 상대방을 무조건 인정하는 것'이라고 말했다.

사람에게는 반드시 장점과 단점이 있다. 상대의 장점을 보고 신뢰하면 상대방도 마찬가지로 경의를 표할 것이다. 그러나 자신을 믿지 못하는 사람은 타인을 믿는 것이 불가능하다. 자신을 믿는 힘이 약한 사람은 타인을 존중할 수는 있더라도 존경할 수는 없다고 한다. 그러면 존경을 받기도 어려워진다.

자기 자신을 믿는 힘은 모든 일에 영향을 끼친다. 그렇기 때문에 에머슨은 '자기신뢰'의 중요성을 설파한 것이다.

모든 말은 그 말을 입에 담은
사람에게 되돌아간다.

〈보상Compensation〉

　나에게 상담을 받으러 온 내담자 중에 이런 식으로 말하
는 사람이 있었다.
　"부모님이 들어가라고 한 회사에 들어갔습니다. 그 때문
에 최악의 결과를 맞이했고요."

그 사람은 회사에 가는 것이 고통스러워 견딜 수가 없다고 했다. 내가 해줄 수 있는 말은 이것밖에 없었다. "그래도 회사에 들어가기로 결정한 것은 당신이죠. 이제부터 어떻게 할지 자신의 의지로 정해보지 않겠습니까."

신입사원이 실수를 저질렀을 때 이렇게 말하는 경우가 많다고 한다.

"저는 그저 시킨 대로 했을 뿐입니다."

상사는 "됐다. 이제 너한테는 안 맡긴다." 하면서 한숨을 쉴 것이다.

아무리 자신을 정당화하려고 해도 문제의 원인이 그 사람에게 있으면 상대방도 그것을 느끼고 그에 따른 대답을 하게 될 것이다. 물론 좋은 일도 마찬가지다. 우리가 자신을 신뢰하면서 말하면 상대는 우리를 신뢰해준다.

우리가 심한 말을 듣는 이유는 그저 우리가 입 밖으로 낸 말이 되돌아왔기 때문일지도 모른다.

그럴 때는 스스로 생각해서 결정하지 않고서 그저 남의 탓만 하고 있지 않았는지 되돌아보자.

**공포는 매우 총명한 '교사'이며
모든 혁명의 열쇠가 된다.**

〈보상*Compensation*〉

공포는 인간의 중심에 있는 감정 중 하나라고 한다. 그
때문에 나는 상담이나 코칭 세션을 할 때 '그 사람이 무엇
을 두려워하고 있는지'에 주목한다. 에머슨의 말처럼 공포
심은 총명한 교사이며 상대의 멘털모델mental model, 즉 사

물을 판단하고 해석할 때의 전제를 아는 데 도움이 되기 때문이다.

예컨대 내담자 중에 돈 이야기가 나오면 표정과 안색이 변하는 사람이 있었다. 돈에 부정적 감정을 품고 있는 것이다. 이를 알게 되자 문제 해결의 실마리가 보였다. 에머슨은 공포심이 있는 곳에 부패한, 다시 말해 어떠한 문제가 있는 법이라고 말했다. 상담에서는 내담자가 그 점을 인지하도록 한다.

누군가와 이야기할 때 상대방이 갑자기 감정적이 되어서 놀랐던 경험이 있을 것이다. 이는 우리가 그 사람의 중심부에 있는 감정에 닿았다는 증거다. 그럴 때는 그 사람의 말에서 진의를 따지지 말고 가만히 내버려두자. 상대가 문제를 품고 있더라도 그 문제를 해결해야 할 사람은 우리가 아니다. 상대를 부정하지 말고 '이게 이 사람의 중심적 감정이구나.'라고 생각하고 받아들이자.

상대의 중심적인 감정을 이해하면 그 감정을 자극하지 않도록 이야기할 수 있다. 감정을 감정으로 받아치지 않다 보면, 좀 더 건설적으로 소통할 수 있게 된다.

이해받는다는 것은
가장 강력한 방패이자
상대와의 강한 유대다.

〈영적 법칙*Spiritual Laws*〉

타인에게 이해받을 때, 즉 누군가 나를 긍정하거나 칭찬
해줄 때 우리는 상상 이상으로 강해진다. 상대가 진심으로
나를 칭찬하고 있다는 느낌을 받았을 때, 또는 이 사람이
진심으로 나를 이해해주고 있다는 생각이 들었을 때 어떤

기분이 드는가? 기쁨과 함께 근원적인 에너지가 솟아나는 기분이 들지 않는가?

동시에 상대를 받아들이고 무의식적으로 상대방을 이해하려는 마음이 들 것이다. 상대방도 그 마음을 느낀다면 상호 신뢰에 의해 강한 유대 관계가 형성된다.

인간관계에서 유대감이 있는 것과 없는 것은 하늘과 땅 차이다. 신뢰 관계가 구축되기 전에 의견을 말하면 이치에 맞는 이야기라도 받아들여지지 않는 경우가 있지만 유대감이 있으면 순수하게 받아들여진다.

돌고래를 조련할 때 지시대로 따르면 상을 주지만, 실패했을 때는 아무런 행동도 취하지 않는다고 한다. 이렇듯 칭찬을 하면 트레이닝의 효과가 빨리 나타난다. 인간과 돌고래 사이의 신뢰관계도 형성되기 쉬워진다고 한다.

상호 신뢰가 작용할 때 우리는 관계를 발전시켜 문제점도 함께 해결해나갈 수 있다. 부모 자식이든 동료든 이웃이든 간에 우선은 인정하는 단계부터 시작해보자. 내 의견을 말하고 싶더라도 일단 한 번은 참는 것이다. 이것이 좋은 인간관계의 토대를 구축하는 법이다.

**눈의 움직임, 미소, 인사, 악수에서도
인격의 고백이 이루어진다.**

〈영적 법칙*Spiritual Laws*〉

공자의 가르침이 집대성된 《논어》에 이와 유사한 격언
이 남아 있다.

"그 사람이 하는 것을 보고, 그 동기를 살펴보고, 그가
편안하게 여기는 것을 잘 관찰해보라. 사람이 어찌 자신을

숨기겠는가?"

에머슨은 그 사람의 말과 행동뿐 아니라 작은 몸짓이나 동작에서도 그 사람의 인격이 드러난다고 말하고 있다. 우리는 자신도 모르는 사이에 자기의 인격을 '고백'하고 있으며, 동시에 눈앞에 있는 사람의 인격을 감지하고 있다는 것이다.

"사람들은 자신이 왜 그 사람을 믿지 않는지, 그 이유를 모르면서도 믿지 않는다." 에머슨의 이 말처럼, 비슷한 경험을 해본 적이 있지 않은가. 이론적으로는 설명할 수 없어도 우리는 상대의 인격을 느낄 수 있다.

아무리 그럴듯한 말로 꾸미거나 다른 사람에게 들키지 않게 숨기더라도, 알리고 싶지 않은 생각이나 행동은 어떠한 형태로든 상대방에게 전해진다. 마찬가지로 향상심을 가지고 훌륭한 행동을 할 때 그 사실을 굳이 말하지 않더라도 상대방은 알아차릴 것이다.

오히려 에머슨은 "직접 말하는 것보다 확실히 드러나게 된다."라고 단언했다.

다른 사람의 신뢰를 얻으려면 나 자신을 갈고닦는 것만으로도 충분하다.

**누구나 자기의 인생은 보잘것없고,
남의 인생은 이상적이고 근사해 보이는 법이다.**

〈사랑*Love*〉

　나의 경험은 하나같이 실수투성이로 보이고 다른 이의 경험은 이상적이고 훌륭해 보인다.

　왜냐하면 자신의 경험인 만큼 사소한 부분까지 다 보이기 때문이다.

경험한 당시에는 마냥 즐거웠는데 몇 년 지나서 생각해 보면 왜 그런 짓을 했는지 후회했던 일도 있을 것이다.

잊고 싶은 경험, 없던 일로 하고 싶은 과거일수록 기억에 남는다. 그러나 이미 일어난 사실에 집착하게 되면 내 안에서 부정적인 감정이 커져가며 인간관계에도 영향을 미친다. 일곱 가지 대죄로 불리는 탐욕, 분노, 나태, 교만, 질투, 탐식, 정욕이 드러나기 때문이다.

에머슨은 다음과 같이 가르치고 있다.

현실에서 일어난 사소한 일을 그저 경험이라고 생각하면 슬프거나 씁쓸하게 느껴지지 않는다. 인생은 내 마음대로 풀리지만은 않는다. 그러나 어떤 일이든 지성과 진리의 관점에서 바라보면 고귀하고 훌륭한 법이다. 큰 흐름을 보자. 아름답고 환희에 가득 차 있을 것이다.

이러한 관점을 가리켜 에머슨은 '법칙을 이해하는 내적 시선'이라고 부르고 있다. 이것을 배울 수 있다면 인생은 크게 변화할 것이다. 또한 더 나은 인간관계를 형성하는 데 필요한 힘이 될 것이다.

해시계는 양달에 놓여 있기에
시간을 나타낼 수 있다.
자신의 사상을 알아주는 사람이 있을 때
우리는 회복될 수 있다.

〈우정*Friendship*〉

회의나 미팅 때는 거의 의견을 말하지 않는데 친한 사람
들과 있으면 수다스러워지는 사람이 많다. 자주 볼 수 있
는 현상인데 과연 어떤 심리가 작동하고 있는 걸까?

에머슨은 누구나 '자신의 사상을 알아주는 사람들' 앞

에서는 이야기를 하고 싶어지는 법이라고 말한다. 이것은 '자신을 긍정하고 받아들여주는 사람들'이라고 바꾸어 말할 수 있을 것이다. 의견을 말하지 못하는 이유는 자신이 부정당할까 봐 두렵기 때문이다.

다른 사람의 의견을 듣고 싶을 때나 아이디어가 필요할 때는 우선 상대의 말을 긍정하자. 에머슨 식으로 말하면 '해시계'의 '태양'이 되는 것이다. 긍정하지 않으면서 의견을 말하게 하는 것은 해시계를 응달에 둔 채로 쓸모가 없다고 말하는 것과 다름없다. 다른 사람을 긍정하는 일은 그 정도로 중요한 일이다.

태양이 되는 힘, 즉 다른 사람을 긍정하는 힘은 다양한 능력으로 이어진다. 긍정의 힘이 뛰어난 사람은 다른 사람의 말을 경청하는 능력은 물론이거니와 자신의 생각을 말로 표현하는 능력과 프레젠테이션 스킬도 뛰어나다. 반대로 비판이나 불평이 많은 사람은 자신의 의견을 분명히 말로 표현하지 못하는 경향이 있다. 만약 다른 사람 앞에서 자신의 의견을 말하는 것이 서투르다면 우선 긍정의 힘을 기르면 좋을 듯하다. 사회적 사건이든 주위 상황이든 다른 사람을 대할 때든 일단은 긍정해보자. 그러면 자기 자신을 긍정하는 힘, 다시 말해 자신감으로 이어지게 될 것이다.

공범자와는 대등하게 말할 수 있다.
그러나 그렇지 않은 사람을 대할 때도
대등해야 할 것이다.

〈우정Friendship〉

'공범자와는 대등하게 말할 수 있다.' 이는 무슨 뜻일까?
공범자에게는 공통의 목적이 있다. 이해관계가 일치할
뿐더러 동료 외에는 개입을 허용하지 않는 결속력을 가진
다. 또한 서로의 약점을 쥐고 있기도 할 것이다. 그렇기 때

문에 대등하게 이야기를 할 수 있다.

그러나 '공범자'가 아니라도 주위 사람들과 대등해야 한다. 대등해야만 서로를 존경할 수 있고 가장 안정된 인간관계를 맺을 수 있기 때문이다.

그렇다고는 하나 우리들은 아랫사람의 의견을 업신여기고 윗사람의 의견을 무분별하게 받아들이는 경향이 있다. '내 쪽이 경험이 풍부하니까 틀림없이 내가 옳을 거야.' '그 사람에게는 실적이 있으니까 그 사람의 의견에 따라야 할 거야.' 하는 식의 편향된 시점을 가지고 있기 때문이다. 그러나 어느 쪽의 관계성도 상호 신뢰로 이어지는 일 없이 트러블의 원인이 되고 만다.

공범자 이야기는 '서로 대등하게 말하기'란 그만큼 어렵다는 사실을 나타내는 예일지도 모른다. 그러나 우리가 어떤 상황에서도 자신의 생각과 다른 사람의 생각을 똑같이 중요하게 여길 수 있다면, 더할 나위 없이 풍요로운 인간관계를 맺을 수 있으리라 생각한다.

우리는 다른 이의 소유가 되기 전에
자기 자신의 소유가 되어야 한다.

〈우정*Friendship*〉

　자기 의견을 가져야 한다는 말을 들어도, 어차피 회사에
서는 조직이나 상사의 뜻을 따라야 하니까 자기 생각 따
위는 소용없다고 말하는 사람이 있다. 그러나 자신의 머리
로 생각하는 것을 그만두면 자신의 사고를 타인에게 맡기

는 셈이 된다. 그러면 의견을 내야 할 때 아무 말도 할 수 없게 된다. 당연히 상사나 동료에게 존경받을 일도 없어지고, 점점 자신감을 잃어가게 될 것이다.

회사에서도 먼저 내 의견을 가지도록 하자. 혹시 누군가가 나와 다른 의견을 내더라도 그저 '그렇게 생각할 수도 있구나.' 하고 생각하자. 자신이 부정당했다고 느낄 필요는 없다. 그 사람의 의견이 좋다고 생각하면 그냥 받아들이면 된다. 내 의견과는 다르더라도 일단 상대의 말을 수용해보자. 내 의견을 확실히 가지면서 상대방도 인정하는 것이다.

다른 사람을 인정하면 그 사람도 나를 인정해줄 것이다. 최종적으로 어느 한쪽의 의견만 채택되더라도 서로 존경하는 관계를 유지할 수 있다.

이는 우선 자신의 의견을 갖지 않으면 일어날 수 없는 일이다. 서로 신뢰하는 관계는 '자기 자신을 가지는' 것에서부터 시작한다.

**수준이 같은 사람과는
물과 물이 섞이듯이
서로 이해할 수 있다.**

〈우정*Friendship*〉

말을 많이 하지 않아도 마음이 통하는 사람들은 의식이
같은 '수준'에 있다고 볼 수 있다. 요즘 어떤 사람하고 이야
기가 잘 통한다는 생각이 들었다면, 어떤 계기로 당신의 의
식이 그 사람과 같은 수준이 되었다고 할 수 있다.

반대로 '이 사람은 도저히 이해가 안 된다' 싶은 경우가 있는가?

그럴 때는 그 사람과 같은 수준으로 의식을 맞추려는 노력을 해보자. 상사가 이해가 가지 않는다면 상사의 입장이 되어서 생각해보는 것이다.

내가 관리직이 되었을 때 이런 부하가 있다면 어떻게 생각할까? 상사의 입장에서 하나하나 상상하면서 상사의 기분을 이해해보자. 나 같은 부하가 있다면 싫겠다는 생각이 들지도 모른다.

그러면 상사와 같은 수준의 관점을 가지게 되므로 '물이 섞이듯이 서로 이해할 수 있는' 힌트가 보일 것이다.

자기 안에 또 하나의 관점을 가지도록 하자. 남편은 아내의 관점을, 종업원은 경영자의 관점을 가지면 '아내의 입장에서는 남편이 이렇게 해주길 바랄 거야.' '사장이라면 이런 사원을 원할 거야.' 하는 식으로 상대의 수준이 보이게 된다. 그다음에 상대와 대화를 나누면 놀랄 만큼 의사소통이 쉬워질 것이다.

**자신을 열어 보이는 사람일수록
인생의 보물이 될 만한
인간관계를 쌓을 수 있다.**

〈우정Friendship〉

　나의 속마음까지 깊이 이해해주는 사람이 없다는 생각
이 들더라도 걱정할 필요는 없다. 에머슨 또한 진정한 인
간관계를 맺는 것이 쉬운 일은 아니라고 인정하고 있다.
그러나 우리 모두 알다시피, 고독을 두려워한 나머지 그만

한 가치가 없는 사람들과 우정의 맹세를 나누지 않도록 조심해야 한다고 말한다.

인생의 보물이 될 만한 인간관계를 맺으려면 어떻게 해야 할까?

에머슨은 이렇게 말한다. "거짓된 관계로 엮이지 않도록 나를 온전히 드러내야 한다." 나의 진짜 모습, 사고방식, 잘하는 분야를 명확히 함으로써 세상에 알리라는 것이다. 그러면 탁월한 사람들을 끌어당기게 된다.

나를 이해해주는 사람이 없다는 건, 내가 주위 사람들에게 나를 충분히 열어 보이지 않았기 때문은 아닐까? 그러나 자신을 온전히 드러내는 것은 용기가 필요한 일이다. 지금 가지고 있는 것들을 내려놓아야 할 때도 있기 때문이다. 그래도 자신의 '길'에서 멀어지지 않는 한, 마지막 순간에 '정말로 소중한 것'을 얻을 수 있다.

나를 알리고 싶어도 나의 신념이 무엇인지 내가 무엇을 잘하는지 잘 모르는 경우도 있을 것이다. 모르면 모르는 대로 나를 드러내보자. 나를 계속 알리다 보면 점점 자기 자신을 말로 표현할 수 있게 될 것이다.

인간의 절대적 고립을 느껴보지 않겠는가.
고립을 받아들일 수 있는 사람은
절대적인 자기신뢰를 가진 사람이다.

〈우정*Friendship*〉

대인관계에 문제가 일어나는 원인 중 하나는 다른 사람
에게 '의존'하는 성향에서 비롯된다. 다시 말해 친한 친구
나 연인에게 모든 것을 요구하지만 세상에 완전히 똑같은
취향이나 관심사를 가진 사람은 존재하지 않기에 어디선

가 문제가 발생하는 것이다.

　의존적인 사람은 고립과 고독을 두려워한다. 자기신뢰가 갖춰지지 않았기 때문이다. 자립을 고독으로 착각하고 있는지도 모른다. 자립이란 적정 거리를 유지하면서 사람과 이어지는 것이 아닐까?

　어떤 인간관계에서든 적절한 거리는 필요하다. "책을 다루듯이 친구를 대하라." 에머슨은 이렇게 제안하고 있다. 손이 바로 닿는 곳에 놓아두려고 하지 말고, 객관적으로 볼 수 있는 책장이라는 공간에 두는 것이다. 그리고 '일 얘기는 이 사람하고 해야지.' '이 사람하고는 음악 취향이 비슷하니까 함께 콘서트에 가고 싶어.' 하는 식으로 분류해 보자. 그러면 거리를 두고 상대방을 볼 수 있게 되어, 그 사람에게 의존하는 일이 줄어든다.

　독립적인 존재로서 책장을 바라본다. 필요할 때 필요한 책을 꺼내 든다. 모든 존재로부터 거리를 두고 있는 '절대적인 고립' 상태로 보이지만, 모든 사람들과 이어져 있다. 만약 지금 갖고 있는 책이 없다고 해도 새로운 책장을 또 만들면 그만이다. 앞으로도 새로운 만남들이 차례차례로 찾아올 것이다.

**허울을 버리고 솔직한 태도로
인간 대 인간의 교제를 하라.**

〈신*The Over-Soul*〉

'허울'은 겉치레에 지나지 않는다. 우리들은 약점을 감
추고 자신을 과시하기 위해 허세를 부린다. 체면에만 신경
쓰는 태도는 상대방에게 고스란히 전해진다. 그래서는 다
른 사람에게 받아들여질 수 없을 것이다.

허울은 완벽주의에서 기인한다. 이 또한 자신감이 없기 때문이다. 상대는 우리에게 완벽을 요구하지 않는데, 우리는 우리가 완벽해야만 상대가 받아들여줄 거라고 생각하며 불안해하는 것이다.

　허세를 부리는 대신 '난 자신이 없어.' '지금 난처한 상황이야.' '도와줬으면 좋겠어.' 하고 솔직하게 전하는 용기를 가져보자. 비굴한 기분으로 말하는 것이 아니라 상대를 신뢰하며 진실한 마음으로 전하는 것이다. 약한 모습을 보이기 싫어하는 것은 약점을 이용당할까 두려워하기 때문이다. 상대에게 이용당하지 않을 정도로만 순수하고 솔직한 태도를 보이도록 하자. 그러면 상대는 우리를 믿고 받아들여 도와줄 것이다.

　에머슨은 대인 관계의 비법을 이렇게 말하고 있다.

　"순수한 마음으로 상대와 어울리자. 그러면 그들도 온 힘을 다해 우리를 진실한 태도로 대하지 않을 수 없을 것이다. 상대를 적당히 대하려는 마음은 산산이 부서질 것이다. 진실이야말로 사람을 대하는 최고의 예의다."

가는 곳마다 '원'이 존재한다.

〈원*Circles*〉

에머슨은 "원은 이 세상의 부호 중에서 최고의 본보기
다."라고 말했다.

원이 표현하는 것은 셀 수 없이 많다. 자연계의 물질 순
환도 원으로 표현할 수 있고 인간관계도 원에 비유할 수

있다. 회사 조직 안에서의 관계도 원으로 볼 수 있다. 이러한 원들이 세상 곳곳에 존재한다는 것이다.

예를 들어 결혼한 회사원 남성이 있다고 했을 때 그 사람은 남성이라는 틀의 원, 회사에서의 인간관계의 원, 가정의 원 안에 있는 셈이다. 원 하나하나마다 각각의 중심점이 있듯이 어떤 인간관계의 원에도 주요한 가치관이 존재하고 그 가치관을 중심으로 관계성이 형성된다.

재미있는 사실은 각각의 원에서 통용되는 가치관이 전혀 다르다는 점이다. 이 사실을 객관적으로 인식하고 각각의 가치관을 구분하지 못하는 사람이 의외로 많은 듯하다. 회사에서 일할 때의 사고방식을 가정에 끌고 오거나 남자끼리 소통할 때의 방식을 여자 동료나 부하에게서 찾는 사람이 많다는 뜻이다. 이는 당연히 문제의 원인이 된다.

어떤 원 안에서도 하나의 가치관만 밀어붙이는 사람은 자신의 생각이 당연하다고 말하며 정답은 하나밖에 없다고 생각한다. 그러나 각각의 원에는 각기 다른 정답이 있는 법이다.

'지금 나는 어떤 원에 있는지' 객관적으로 파악하는 것이 인간관계를 원만히 유지하는 요령이다.

정의에도 다양한 색이 있다.

〈원Circles〉

정의正義의 정의定議는 사람마다 다르다. 어떤 사람에게는
불의인 것이 다른 사람에게는 정의인 경우가 자주 있다.
에머슨은 빚을 예로 들어 두 사람을 비교하고 있다.

"빚을 갚는 일을 정의라고 생각하는 사람은 이 정의를

게을리하고 채권자를 지겹도록 기다리게 하는 인간을 더 없이 혐오한다. 그러나 그렇게 미움받는 쪽도 그 나름대로의 입장이 있어서, 스스로에게 이렇게 묻는 것이다. 나는 어느 쪽의 빚을 갚아야만 하는가. 부자에게 진 빚인가, 가난한 자에게 진 빚인가."

전자에게는 사회적 의무를 다하는 것이 정의이지만, 후자는 부유한 사람으로부터 빌린 돈을 갚기보다는 가난한 사람에게 은혜를 갚는 쪽을 우선시해야 한다고 생각할 것이다. 물론 빚은 갚는 편이 좋지만, 사물을 보는 다양한 시각을 받아들이는 것은 인간관계에서 상당히 중요하다. 나의 정의만 중시하거나 상대의 정의만 존중하거나 하면 건전한 관계를 구축하는 것은 불가능하다. 제일 좋은 방법은 자신의 정의도 상대방의 정의도 소중히 여기며 일을 진행하는 것이다.

쉬운 일은 아니지만 만일 우리가 양쪽의 정의를 높은 곳에서 내려다볼 수 있다면 우리 자신이 중심이 되어서 두 사람의 관계를 정립할 수 있게 된다. 냉정한 시점을 가지고 양쪽 모두를 중시하는 사람이 주도권을 쥐게 된다.

우리가 존경할 대상은
용기, 태도, 포용력, 인품이지
지위, 권력, 돈의 문제가 아니다.

모든 말은 그 말을 입에 담은
사람에게 되돌아간다.

공포는 매우 총명한 '교사'이며
모든 혁명의 열쇠가 된다.

이해받는다는 것은
가장 강력한 방패이자
상대와의 강한 유대다.

눈의 움직임, 미소, 인사, 악수에서도
인격의 고백이 이루어진다.

누구나 자기의 인생은 보잘것없고,
남의 인생은 이상적이고 근사해 보이는 법이다.

해시계는 양달에 놓여 있기에
시간을 나타낼 수 있다.
자신의 사상을 알아주는 사람이 있을 때
우리는 회복될 수 있다.

공범자와는 대등하게 말할 수 있다.
그러나 그렇지 않은 사람을 대할 때도
대등해야 할 것이다.

우리는 다른 이의 소유가 되기 전에
자기 자신의 소유가 되어야 한다.

수준이 같은 사람과는
물과 물이 섞이듯이
서로 이해할 수 있다.

자신을 열어 보이는 사람일수록
인생의 보물이 될 만한
인간관계를 쌓을 수 있다.

인간의 절대적 고립을 느껴보지 않겠는가.
고립을 받아들일 수 있는 사람은
절대적인 자기신뢰를 가진 사람이다.

허울을 버리고 솔직한 태도로
인간 대 인간의 교제를 하라.

가는 곳마다 '원'이 존재한다.

정의에도 다양한 색이 있다.

RALPH WALDO EMERSON

IV

Failure

좌절

괴로운 경험을 했을 때
무언가를 배우는 기회로 삼자.
자기 힘으로 생각해서 결심하도록 하자.
자신의 무지를 깨닫고 자만을 다스려
진정한 힘을 얻게 된다.

〈보상Compensation〉

무척 힘들고 괴로운 상황에 놓여 있을 때는 이 경험이
나에게 도움이 되리라고는 도저히 생각할 수 없다. 그래도
그러한 경험 덕분에 교훈을 얻거나 굳은 각오를 다지게 되
기도 한다.

나는 은사님의 죽음이라는 정말 괴로운 사건을 경험했다. 말로 다할 수 없는 슬픔이었지만 큰 교훈을 얻기도 했다고 생각한다.

밑바닥까지 떨어질 대로 떨어진 뒤 다시 일어서기로 했을 때, 이제까지 보이지 않았던 것이 보이기 시작하고 내가 해야만 하는 일이 무엇인지 알게 되었다. 그 일이 나의 새로운 능력을 이끌어내는 하나의 계기가 되었던 것이다.

무언가에 '실패하는' 것은 분명 괴롭고 힘든 경험이다. 실패를 피하고 싶어 하는 것은 지극히 자연스러운 일이다.

그러나 에머슨은 이러한 말을 남기고 있다.

"위대한 영광이란 실패하지 않는 것이 아니다. 실패할 때마다 다시 일어서는 것이다."

행동하고 실패하고 그 자리에서 다시 일어서는 경험을 통해서, 나를 받아들이고 속박에서 벗어나 나의 능력을 키울 수 있다. 진정한 자기다움을 믿는 힘은 그 과정에서 태어난다고 생각한다.

**약점이나 결점도 사람에게 도움이 된다.
누구든지 일생 동안
자신의 결점을 고맙게 여겨야 한다.**

〈보상Compensation〉

보통 약점이나 결점은 안 좋은 것이라고 생각한다. 그러
나 에머슨은 그 결함에 감사하라고 말한다. 자만의 씨앗이
반드시 화를 초래하는 것처럼 결점은 어떤 형태로든 그 사
람에게 도움이 되기 때문이다. 에머슨은 이런 예시를 들고

있다. "사교성이 없다는 결점이 있으면 혼자만의 시간을 즐기는 법과 자율적인 습관을 들이는 법을 배우게 된다."

결점 덕분에 얻을 수 있게 되는 스킬이 있다. 예를 들어 영업직을 해야 하는데 발로 뛰거나 소통하는 능력이 부족하다면, 그 결점이 전문 자격증을 취득하는 행동으로 이어지게 되지 않을까?

그렇게 긍정적으로 생각할 수 없다는 사람도 있을지 모른다.

나 역시 은둔형 외톨이였을 때 내 약점과 결점을 계속 곱씹으며 자기혐오에 빠져 있었다. 그러나 결코 쓸모없는 경험이었다고 생각하지는 않는다. 그러한 고민을 했기 때문에 지금의 내가 있다고 생각한다.

"누구든 진리에 맞서 싸워보기 전까지는 진리를 제대로 이해할 수 없다." 에머슨은 이렇게 말하고 있다. 고민해서 먼 길을 돌아왔기 때문에 비로소 "결점이 나를 돕는다."라는 진리를 충분히 이해할 수 있는 것이다.

우리의 강점은 약점에서 태어난다.

〈보상*Compensation*〉

이 말이 에머슨의 실제 경험에서 우러나왔다는 사실은 어렵지 않게 상상할 수 있다.

에머슨은 대학 시절의 일기에 이렇게 쓰고 있다.

"때때로 나는 게으르고 변덕스럽고 우둔하고 실속 없는

나 자신이 싫어진다. 이를 마음에 새기고 나를 단련해나가지 않으면 안 된다. 주변 친구들은 모두 열심히 공부해서 머지않아 훌륭한 인재가 되겠지. 나는 그저 하찮은 게으름뱅이로 남을지도 모른다."

에머슨은 가계를 책임지느라 여러 가지 일을 했기 때문에 공부할 시간이 충분치 못했고 성적도 그다지 좋지 않았다. 그런 자신을 혐오하고 열등감에 괴로워하며, 어떻게든 해야 한다는 압박감에 초조해했던 것이다. 당시의 에머슨은 생일을 맞을 때마다 일기에 자신을 통렬히 비판하는 내용을 적고 있었다. 에머슨이 그토록 고민했던 것은 '장차 훌륭한 인물이 되어야 한다'는 강한 열망이 있었기 때문이다. 자신의 목표와 현재의 모습 사이에 괴리감을 느끼고 있었던 까닭에 자학적인 말이 나오게 되었던 것 같다.

열등감에 사로잡히는 사람은 '약한 자신'이다. 그러나 그 약함에서 '강해지자', '좀 더 힘내자' 하는 향상심이 생겨나는 것이다. 학창 시절에 에머슨이 품고 있던 열등감과 자기혐오는 실제로 그의 인생을 앞으로 나아가게 하는 원동력이 되었다.

"강함은 약함에서 태어난다."

에머슨의 이 말은 무척 설득력이 있다.

자기 자신에게 순종하라.

〈자기신뢰Self-Reliance〉

자기 자신이 아니라 세상이나 다른 사람에게 순종하다
보면 끝없이 방황하게 된다. 내 마음으로 억지로 밀고 들
어오는 온갖 가치관을 그대로 받아들이는 바람에 자신을
잃어버리는 것이다. 어쩐지 늘 불안하고 아무리 애써도 공

허한 느낌만 드는 사람은 그렇게 헤매고 있기 때문인지도 모른다.

자신에게 순종한다는 것은 자신의 가치관에 따른다는 뜻이다. 자신을 따르게 되면 위화감이나 좌절감 없이 풍요로운 인생을 살아갈 수 있게 된다.

자기계발의 아버지라 불리는 아들러는 이렇게 말했다. "인간은 누구나 자기의 인생을 그리는 화가다. 나를 만든 것도 나 자신, 앞으로의 인생을 정하는 것도 나 자신이다." 자신에게 순종하면 아들러의 말처럼 스스로 자신의 인생을 이끌어갈 수 있게 된다.

이는 제멋대로 굴면서 하고 싶은 대로만 하며 살아가라는 뜻이 아니다. 자기 자신을 따른다는 것은 일종의 시련이기도 하다. 자신이 믿는 길로 나아가는 과정에서 수입이 감소하거나 사회적 지위를 잃는 일도 있을 것이다. 용기와 각오를 필요로 하는 삶인 것이다.

그래도 이러한 삶을 사는 한 우리가 고독해지는 일은 결코 없을 것이다. 혼자 힘으로 어떻게도 할 수 없을 때는 반드시 도와주는 사람이 나타난다는 사실을 믿자.

원인이 확실하다면
어떠한 결과를 맞이하든
그만한 가치를 발견할 수 있다.

〈보상*Compensation*〉

'인과응보'란 어떠한 결과에는 반드시 그 원인이 있고, 좋은 일에서는 좋은 결과가 나쁜 일에서는 나쁜 결과가 나온다는 뜻이다.

그러나 좋고 나쁨은 사실 큰 문제가 아니다. 중요한 것은 인과응보를 의식하며 노력하면 어떤 결과에서도 가치를 찾아낼 수 있다는 점이다.

만일 도저히 결과를 납득할 수 없고 더 이상 노력할 수도 없다는 생각이 든다면 그것은 인과응보의 '인', 다시 말해 원인이 명확하지 않기 때문이다.

'인'을 분명히 인식하게 되면 '과', 즉 어떠한 결과가 일어나도 그 안에서 가치를 발견할 수 있다.

일본의 메이저리거 이치로 선수는 초등학교 시절에 1년 중 360일을 야구 연습에 매진했다고 한다. 그 행동의 '인'은 야구선수가 되겠다는 강한 의지였다. 이 '인'을 분명하게 인식하고 있었기에 노력이 고통스럽지 않았고, 놀고 있는 친구들을 보며 질투하는 일도 없었다.

때로는 시합에서 실패하는 '과'가 일어나기도 했다. 그래도 확고한 '인'이 있기에 연습을 포기하는 일은 없었다. 오히려 해야 할 일이 더 명확해졌다. '인'이 애매하다면 그에 상응하는 결과가 나오게 된다. 그러나 분명한 '인'만 있다면 좌절하지 않고 계속 노력할 수 있다.

**인생은 피할 수 없는
조건들로 둘러싸여 있다.**

⟨보상*Compensation*⟩

피할 수 없는 조건이란 '원인이 있기에 결과가 있다',
'얻는 것이 있으면 잃는 것이 있다'처럼 인생에서는 별개
로 놓고 생각할 수 없는 일들이 있다는 말이다.

에머슨은 이러한 것들에 대해 다음처럼 직언하고 있다.

현명하지 못한 사람은 부와 명예를 얻는 일을 쓴맛은 보지 않고 단맛만 보는 일이라고 생각하며, 자신이 원하는 것과 원하지 않는 것이 불가분의 관계에 있다는 사실을 이해하지 못한다. 당연하게도 이러한 시도는 모두 실패로 끝난다.

직장이나 사생활에서도 마음처럼 일이 잘 풀리지 않는 것은 동전의 양면성을 무시하고 한쪽만 취하려고 하기 때문은 아닌가? 선행 투자 없이 이익만 생각하거나 실패 없이 성공만 손에 넣으려고 하지는 않았는가?

물론 인생의 단맛만 원하는 것은 때때로 희생을 감수하지 않고서 이익만 취하는 사람이 있기 때문인지도 모른다. 그 사실을 자랑하는 사람도 있을 것이다.

그러나 에머슨은 말한다. "만약 인생의 조건을 피한 것처럼 보였다고 해도, 그것은 인생에 저항하며 자신을 포기하는 것과 다름없으며 언젠가 그 대가를 치르게 된다." 인생에는 피할 수 없는 조건을 받아들이는 각오가 필요하다.

그 사람이 추구하는 가치는
그 사람 안에만 존재할 뿐이다.

〈영적 법칙*Spiritual Laws*〉

나의 내담자 중에 직장에 나가는 것이 너무 괴로운데도 도저히 그만둘 수는 없다는 사람이 있었다. 그 사람은 자기 분야의 일인자였으며 큰 회사에 근무하고 있었다. 그 분야를 대표하는 회사에서 출세해 부동의 지위를 차지했기에 포기할 수는 없다고 그는 말했다.

그에게 회사에서의 지위는 절대적인 가치를 가지고 있었다. 그러나 동업자라면 모를까, 대부분의 세상 사람들에게 그 지위는 큰 의미가 없을 것이다. 그저 본인이 절대적인 가치로 여기고 있을 뿐이다. 가치관은 사람들이 각각 자기 좋을 대로 만들어내는 것이다. 보편적인 가치란 없다.

만일 지금 삶의 방식을 바꿀 수 없어서 고통받고 있다면 자신의 가치관을 조금 달리해보지 않겠는가? 하나의 가치관에만 너무 집착하고 있기 때문에 괴로운 것일지도 모른다. 그것이 정말로 나의 인생에 필요한 것인지 자문해보라. 스스로에게 한번 의문을 던지는 것만으로도 새로운 가치가 보이는 경우가 있다.

하나의 절대적인 가치관을 가지고 있으면 성공한 경우에는 오만해지고 실패한 경우에는 인생이 끝났다고 생각하게 된다. 사물을 보는 시각에 따라 인생은 크게 달라진다. 때때로 객관적인 눈으로 자신의 가치관을 다시 살펴볼 필요가 있다.

**사람은 모든 행위를 통해
평가를 받고 낙인이 찍힌다.**

〈영적 법칙*Spiritual Laws*〉

이는 일상적으로 행해지는 일이며, 에머슨은 어린 아이
조차도 처음 보는 사람을 정확히 평가한다고 말했다. 우리
는 겉모습만으로 평가를 내리지는 않는다. 잘 차려입었든
점잖을 빼든 판단 기준은 '그 사람의 행위'다.

어떤 행위를 했느냐는 질문은 '사람들의 진가를 살펴 거짓 명성을 낱낱이 가려내는 신성한 질문'이라고 에머슨은 말한다.

우리가 누구를 향해서, 무엇을 위해서, 어떻게 움직였는지를 보고 세상은 우리를 판단한다.

관점을 약간 바꿔서 이 '신성한 질문'을 나 자신에게 향해 보면 자신의 목표와 방향성을 찾을 수 있게 되지 않을까.

자신이 어떤 기분인지 모를 때나 갈피를 잡지 못할 때 '나는 누구를 향해 어떤 행동을 하고 싶은지' 생각해보면 좋을 듯하다. 나 역시도 내가 무엇을 위해서 살고 있는지 알 수 없을 때 스스로에게 이렇게 묻곤 했다.

이 질문에 대한 답을 구체적으로 생각하는 동안에 구체적으로 어떤 행동을 해야 할지 깨닫게 될 것이다. 그 방법들을 실행에 옮기다 보면 주위 사람들은 우리를 정당하게 평가할 것이고, 우리 스스로도 자신이 지니고 있는 능력을 확인하게 될 것이다.

55

WORDS OF EMERSON 100

**진정한 행동은
길을 걷다 문득 떠오르는
고요한 마음에서 태어난다.**

〈영적 법칙*Spiritual Laws*〉

우리들은 취직이나 결혼처럼 인생의 고비라고 불리는 시기를 전환기라고 생각하는 경향이 있다. 하지만 정말로 인생을 바꾸는 타이밍은 평소의 조용한 시간 속에 존재한다. '지금까지는 이렇게 해왔지만, 이제부터는 이렇게 하는

IV FAILURE

편이 좋을 것 같아.' 이렇게 삶의 방식 전체를 바로잡으려는 생각은 산책을 하다가 길 위에서 문득 떠오르는 법이라고 에머슨은 말한다.

산책뿐 아니라 아침에 일어나 외출 준비를 하거나 샤워를 할 때처럼 상황 자체는 저마다 다를 것이다. 멍하니 있을 때는 무의식이 작용하기 때문에 마음속의 깊은 소망이 모습을 드러내기 쉽다고 한다. 일반적으로 전환기라고 부르는 시기에 이치만 따져서 인생 계획을 세우게 되면 자신의 진정한 소망과는 어긋나게 될지도 모른다. 사회적 체면만을 중시하게 되는 일도 있을 것이다.

이치에 맞게 설명할 수 없더라도 무의식이 이끌어낸 마음을 실행에 옮기자. 그렇게 계속하다 보면 원래의 나를 각성시키고 인생을 바꾸는 힘이 될 것이다.

무의식이 움직이는 감각을 잘 모르겠다면 한 가지를 반복해서 하는 일을 실천해보자. 설거지든 서예든 색칠공부든 뭐든지 상관없다. 같은 일을 계속하다 보면 쓸데없는 감정은 점점 사라지고 무無의 상태에 가까워진다. 그때 떠오르는 것이 우리의 본질에 가까운 것이다.

**희망에 반대하는 사람에게
'과거'는 넘겨주자.
'미래'는 여전히 우리의 것이다.**

〈신*The Over-Soul*〉

직장을 옮기게 될 때 회사의 채용담당자는 우리의 경력
사항을 본다. 우리가 무언가에 도전할 때 '전에도 실패했
으니까 무리일걸.' 하고 말하는 사람도 있기 마련이다. 사
람들은 '과거'로 우리를 판단하려 한다. 그런 사람들은 멋

대로 말하게 내버려두면 그만이다. '그럴 수도 있겠네요.' 정도로만 대답하자.

가장 힘겨운 상대는 남이 아니라 바로 자기 자신이다.

'이 정도 학벌로 이보다 좋은 커리어는 꿈도 못 꾸지.' '이렇게 실패했으니 앞으로 분명히 이렇게 되고 말 거야.' 이런 식으로 생각하고 있지는 않은가? 나조차 과거를 가지고 나 자신을 판단하려 든다면 결코 미래를 향한 희망을 품을 수는 없을 것이다. 나의 미래를 그릴 수 있는 것은 나 자신뿐이다. 남들이 이래라저래라 할 수 있는 일이 아니다.

어느 정도 자신의 인생에 만족하고 있는 사람들 또한 희망을 꿈꾸려 들지 않는다. 이제까지의 실적만을 놓고 미래를 상상하며 '뭐, 이 정도면 됐지.' 하면서 그 이상의 것을 추구하려고 하지 않는 것이다. 지금처럼 그럭저럭 살 만한 생활을 잃고 싶지 않아서겠지만, 소극적인 자세를 취하다가 오히려 잃고 마는 것도 있을지 모른다.

어떤 과거든, 어떤 식으로든, 우리는 과거에 휘둘리게 된다. 그렇다고 해서 무언가를 판단해야 할 때 과거만 바라보고 있으면 인생을 즐길 수 없지 않을까.

현상과 불안을 극복하는 유일한 방법은
안이하게 다른 이에게 답을 구하지 말고,
자연의 흐름에 맡기고 생각해서 행동하는 것이다.

〈신*The Over-Soul*〉

상담을 하다 보면, 지금의 생활을 받아들일 수 없고 불
안한 마음이 든다고 말하는 이들이 있다. 그 문제를 해결
하기 위해서 구체적으로 어떻게 하면 좋을 것 같은지 물어
보면, 모르겠다는 대답이 돌아오는 경우가 대부분이다.

현재 상태에 대한 의문이나 미래에 대한 불안을 해소하고 싶을 때 외부 세계에서 답을 구하는가. 그러나 그 답을 찾을 수는 없을 것이다. 에머슨이 말했듯이 우리가 할 수 있는 일은 자신이 해야 할 일에 집중해 열심히 일하며 살아가는 것뿐이다.

그러다 보면 이윽고 '무의식 가운데 정신적으로 성장해 새로운 상태를 만들어내고, 질문도 답도 하나가 된다'고 한다. 열심히 일하는 과정에서 새로운 생각과 행동이 발현하고 자신의 물음에 스스로 대답할 수 있게 된다는 것이다.

기업의 발전과 회복을 위해 수많은 영단을 내려온 일본의 경영자 이나모리 가즈오는 "일하는 것은 자신을 수련하는 것이다."라고 정의하며, 나날의 정진을 통해서 빛나는 영혼과 훌륭한 인격이 형성된다고 말했다.

인격 수양을 통해 '자아의 중심'이 잡히면 외부 세계의 누군가에게 답을 구하고자 하는 '저급한 호기심'이 비집고 나오는 일은 없을 것이다. 모든 답은 이미 자기 안에 있다는 사실을 깨닫게 되기 때문이다.

용기란 몇 번이고
다시 일어서는 것이다.

〈원*Circles*〉

아들러를 시작으로 많은 심리학자와 철학자가 '용기'의
중요성에 대해 말하고 있다. 에머슨은 자기 회복력이 있으
면 그 힘이 용기로 이어진다고 이야기했다.

곤란한 상황에 직면하더라도 스스로의 힘으로 회복할

수 있다는 사실을 알면, 항상 용기를 가지고 행동할 수 있게 된다. 타인에게 휘둘리지 않고 자신의 인생을 스스로 여는 힘을 가질 수 있는 것이다.

그렇다면 자기 회복력을 높이려면 어떻게 해야 할까?

'회복'이란 원래 상태로 돌아가는 것이다. 본래의 자신으로 돌아가는 힘이란 자연 치유력처럼 이미 내 안에 있는 것이 아닐까. 우리가 원래부터 가지고 있던 자기 회복력을 높이기 위해서는 에머슨이 자기 수양의 방법으로서 제시하는 다음 세 단계가 도움이 될 것이다.

우선 자기 자신을 탐구하는 것과 함께 자연의 법칙, 즉 진리를 알아야 한다. 자신의 성격과 가치관을 알고 위인들의 격언에 나오는 진리를 접하도록 하자.

다음으로는 자신을 신뢰한다. 근거가 없어도 '나는 틀림없이 괜찮을 거야.' 하고 생각할 수 있는 강한 신념을 갖자. 마지막으로는 다른 이를 신뢰한다. 자신을 믿을 수 있으면 자연스럽게 주위 사람들도 믿을 수 있게 된다.

용기의 근거가 되는 자기 회복력을 길러나가면 용기는 무한히 솟아날 것이다.

있는 그대로를 받아들이자.
사실에 손을 대는 순간,
그것은 진리가 아니게 된다.

〈지성*Intellect*〉

　아무리 있는 그대로의 모습을 받아들이려 해도 도저히
안 되는 일이 있다. 왜 내가 이런 일을 당해야 하는 건지,
아무리 애써도 눈앞에 벌어진 상황을 받아들일 수 없다면
다음 두 가지 방법을 시도해보자.

① 우주의 시점에서 나를 내려다본다.

② 내가 죽기 전에 하고 싶은 일을 생각해본다.

고통스러운 현실을 받아들이지 못하고 계속 '왜?'를 생각하는 것은 그 한 가지에만 초점을 맞추고 있기 때문이다. 높은 우주의 시점에서 나를 내려다보는 것은 의식적으로 시야를 확장시키는 일이다. 상상할 수 있는 가장 먼 장소에서 자신을 바라보자. 그렇게 하면 서서히 사실을 객관적으로 볼 수 있게 된다. 그다음으로는 자신이 죽기 전에 하고 싶은 일을 생각해보자. 그 누구라도 언젠가는 반드시 죽는다. 죽기 전까지 무엇을 할 것인가? 이 문제를 정면으로 마주했을 때 사람은 자연히 앞으로 나아가고자 한다.

이 세상에서 힘들고 괴로운 일이 사라지는 일은 없다. 그 사실을 받아들이고 앞으로 나아가는 수밖에 없다. 에머슨의 사상을 지지한 미국의 심리학자이자 철학자, 윌리엄 제임스는 이렇게 말했다.

"사물을 있는 그대로의 모습으로 받아들여라. 이미 일어난 일을 받아들이는 것이 불행한 결과를 극복하는 첫걸음이다."

괴로운 경험을 했을 때
무언가를 배우는 기회로 삼자.
자기 힘으로 생각해서 결심하도록 하자.
자신의 무지를 깨닫고 자만을 다스려
진정한 힘을 얻게 된다.

약점이나 결점도 사람에게 도움이 된다.
누구든지 일생 동안
자신의 결점을 고맙게 여겨야 한다.

우리의 강점은 약점에서 태어난다.

자기 자신에게 순종하라.

원인이 확실하다면
어떠한 결과를 맞이하든
그만한 가치를 발견할 수 있다.

인생은 피할 수 없는
조건들로 둘러싸여 있다.

그 사람이 추구하는 가치는
그 사람 안에만 존재할 뿐이다.

사람은 모든 행위를 통해
평가를 받고 낙인이 찍힌다.

진정한 행동은
길을 걷다 문득 떠오르는
고요한 마음에서 태어난다.

희망에 반대하는 사람에게
'과거'는 넘겨주자.
'미래'는 여전히 우리의 것이다.

현상과 불안을 극복하는 유일한 방법은
안이하게 다른 이에게 답을 구하지 말고,
자연의 흐름에 맡기고 생각해서 행동하는 것이다.

용기란 몇 번이고
다시 일어서는 것이다.

있는 그대로를 받아들이자.
사실에 손을 대는 순간,
그것은 진리가 아니게 된다.

V

Growth

성장

정신적 성숙은 알에서 유충으로
유충에서 성충으로 변화하는 것처럼
어느 날 극적으로 이루어진다.

〈신*The Over-Soul*〉

    사람이 정신적으로 성장할 때는 정비례 그래프처럼 직
선적으로 변화하는 것이 아니라, 곤충이 변태할 때처럼 단
계적이고 비약적으로 변화한다. 사람뿐 아니라 회사나 사
업의 성장도 마찬가지다.

'천재'가 성장해가는 모습을 에머슨은 다음과 같이 그리고 있다.

"선택받은 사람으로서 주위 사람들을 차례차례 추월하며 열등감을 안겨주는 것이 아니다. 성장의 진통이 찾아올 때마다 그 자리에 멈춰선 채로 성숙을 이룬다. 한 번 맥이 뛸 때마다 여러 사람을 단숨에 뛰어넘는다."

천재란 선택받은 특별한 사람이 아니라 자신을 믿으며 재능을 발휘하고 있는 사람을 뜻한다. 그런 사람이라고 해도 순조롭게 성장해나가는 것이 아니라, 노력에 노력을 거듭하며 제자리걸음을 하거나 성장통 같은 괴로움을 겪다가 어느 한순간에 탈피를 하듯이 훌쩍 성장하는 것이다.

'성장의 진통'을 넘어야 비로소 어떠한 결과를 남길 수 있다. 원하는 결과가 나오지 않아 고민하는 중이라면 자신이 과연 '성장통'이라고 부를 수 있을 정도의 노력을 하고 있는지 자문해보자.

노력을 거듭하고, 그 노력이 충분히 무르익었을 때 비로소 우리는 허물을 벗고 다시 태어나게 된다. 그때 우리는 위인들이 말하던 진리를 몸소 체험하며 그들의 내면세계에 가까워질 수 있다.

나에 대해서 결정할 수 있는 것은
그 순간의 자신의 직감뿐이다.
인생의 결정권을
타인에게 넘겨서는 안 된다.

〈역사History〉

에머슨은 이 말을 통해 '직감'의 중요성을 전하고 있다.

무언가를 결단해야 할 때 우리는 어떻게 판단을 내리는

가? 정보를 수집하고 시간을 들여 심사숙고한 뒤 판단한

다는 사람도 많을 것이다.

그러나 몇 초 만에 생각한 답도 하루 동안 생각한 답도 실제로는 거의 똑같다고 한다. 이것은 퍼스트 체스 이론이라고 해서 체스의 명인이 5초 걸려서 생각한 수와 30분 걸려서 생각한 수가 86퍼센트 같다는 점에서 확립된 사고방식이다. 많은 시간을 들이더라도 보이는 것은 적다. 새로운 경험을 통해 자신이 어떻게 변화할지는 그 누구도 알 수 없다. 그러니 더욱 직감에 따르라고 에머슨은 말하는 것이다.

결단을 내려야 할 때 타인의 의견을 중시하는 사람도 있을지 모른다. 그러나 다른 이에게 답을 구하면 인생의 결정권을 남에게 넘기는 셈이 된다. 나의 일을 결정할 수 있는 사람은 오직 나 자신뿐이다. 결단을 하게 되면 행동은 자연스럽게 따라온다.

에머슨은 《자기신뢰》의 서두에서 인상적인 구절을 인용하고 있다.

"그대여, 자신을 밖에서 구하지 마라. 우리에게 닥치는 일은 너무 늦지도 너무 빠르지도 않다."

무슨 일이 일어났을 때 우리는 그저 스스로를 믿고 자신의 직감에 따르기만 하면 된다. 만약 실패하더라도 그 경험을 통해 깨닫는 바가 있을 것이다.

모두가 반대할수록
동요하지 말고 밝은 태도로
마음에 떠오르는 생각을 따라야 한다.

〈자기신뢰*Self-Reliance*〉

　　많은 사람들의 반대에 부딪히거나 자신의 의견이 여러
갈래로 나뉘었을 때, 자기 의지를 관철하는 것은 간단한
일은 아니다. 하지만 그런 때일수록 자신의 생각을 소중히
여길 필요가 있다.

메이저리거 이치로 선수는 이런 이야기를 했다.

"내가 자랑스럽게 여기는 점이 있다면, 어려운 국면에 맞닥뜨렸을 때 반드시 스스로 결정을 내려왔다는 점이다."

위기 상황에 직면했을 때 자기 생각을 포기하고 다른 사람의 의견에 따르는 것은 편한 길이다. 그러나 그렇게 해서는 성장할 수 없다. 이제까지의 경험으로 대처할 수 없을 정도로 어려운 상황에 놓였을 때, 자신의 힘으로 답을 찾으려고 하면 크게 성장할 수 있을 것이다.

인간의 뇌는 이제까지의 방식으로는 넘어설 수 없는 상황에 처했을 때 진화한다고 한다. 그야말로 '위기는 곧 기회'인 셈이다. 이치로 선수는 어려운 국면을 마주할 때마다 모두 기회로 바꾸어왔을 것이다. 그것이 가능했던 이유는 무언가를 판단해야 할 때 반드시 자신의 마음에 따라 스스로 결정해왔기 때문이다.

자신의 힘으로 결정하게 되면 성공했든 실패했든 그 일은 나에게 '성장의 씨앗'이 된다. 스스로 결정하고 판단하는 것을 주저하거나 두려워할 필요는 없다. 만일 주변의 반대가 있더라도 내가 확신할 수 있다면, 에머슨의 말처럼 침착하게 앞을 보고 자신의 의지대로 밀고 나가자.

불멸의 영예를 손에 넣고 싶다면
'선이라 여겨지는 것이 정말로 선인지'
탐구해보아야 한다.

〈자기신뢰*Self-Reliance*〉

에머슨은 '관습'으로서의 사회 제도를 싫어했다고 한다.
많은 사람들에게 전통적인 사회 제도는 '선善'이었다. 에
머슨은 그 '선'에 의문을 던진 것이다. 물론 무작정 제도를
비판했던 것이 아니고 개인의 신념과 양심을 고려하지 않

은 형식적인 제도에 의문을 품었다.

에머슨은 그토록 염원하던 목사직에 앉은 지 겨우 3년 만에 사임하기로 결심했는데, 당시의 그의 일기에는 이렇게 쓰여 있다.

"나는 때때로 내가 목사를 하고 있다는 사실에 가장 강하게 반발하는 것은 내 안의 가장 선한 부분이라는 생각이 든다. 나의 선이 직무상의 선에 반발하는 것이다."

'자신의 선'이란 신념과 양심을 뜻한다. 내 안의 선을 바라보지 않고 세상의 제도에 영합하게 되면 인간으로서의 성실함이나 살아가는 활력을 잃는다고 에머슨은 말했다.

그래도 우리들은 기존의 사회 제도 속에서 살아갈 필요가 있다. 중요한 것은 그 안에서도 자신의 본질을 잃지 않는 것, 그리고 세상의 선이 정말로 선인지 판별할 수 있는 눈을 갖는 것이다. 그러면 어떠한 제도 안에 있든지 우리는 우리 자신인 채로 있을 수 있다. 자신을 잃어버릴 것 같을 때는 "올바른 것은 오직 하나, 나의 영혼에 꼭 맞는 것이다."라는 에머슨의 말을 떠올리도록 하자.

딱딱하게 굳은 이론보다는
시시해 보이는 공상이나
소박한 감정 쪽이 신뢰할 만하다.

〈자기신뢰Self-Reliance〉

사람은 의지나 논리가 아니라 '감정'으로 움직인다고 한
다. 그러므로 자신의 본심을 알고 싶으면 자기의 감정, 다
시 말해 마음의 소리에 귀를 기울여야 한다. 그렇게 하면
'정말 내가 원하는 것'이 무엇인지 자연히 알게 될 것이다.

무언가를 보고 들을 때 순간적으로 드는 감정을 객관적으로 바라보자. 만약 이치에 맞지 않더라도 그것이 당신의 본심이고 본질인 것이다. 예를 들어 많은 사람들이 지지하는 일이더라도, 이유는 모르겠지만 혐오감을 느끼는 경우가 있을지 모른다. 그것은 자신의 본질에 부합하지 않는 일이기 때문이다.

감정은 내가 원하든 원하지 않든 상관없이 매일 끊임없이 일어난다. 그때마다 우리는 자신을 알 수 있는 기회를 얻게 된다. 부정적인 감정이라 해도 그 감정을 저속하다고 생각하지 말자. 그 감정에 의해서 자신의 본질을 들여다볼 수 있다.

부정적인 감정이 생길 때 그 감정을 억누르려고 하면 오히려 커지고 만다. 상사의 말투 때문에 화가 난다면 화가 난다는 사실을 있는 그대로 받아들이자. 그저 '아, 난 지금 화가 났구나.' 하고 생각하는 것이다. 그다음에는 그대로 잊어버려도 되고 객관적인 시선에서 내 마음의 소리를 분석해도 좋다. 감정에 휘둘리지 않고 감정과 잘 사귀게 되면 좀 더 나답게 살아갈 수 있다.

마음이 있는 곳에 힘이 있다.

〈자기신뢰*Self-Reliance*〉

여기서 에머슨이 말하는 마음soul이란 나 그 자체를 말한다. '내'가 있는 곳에 힘이 있다는 뜻이다. '내가 나 자신으로 있기만 하면 능력을 발휘할 수 있다.'라는 지극히 심플한 메시지다.

심플하고 본질적일수록 이해하기 어려운 법이다. '내가 나 자신으로 있는 것'은 어떤 것일까? 쉽게 말하자면 '나를 이해하고 나를 신뢰하고 나다운 일을 실천하는 것'이라고 생각한다.

이 솔직한 질문에 대답하기 힘들다면 애플의 창업자 스티브 잡스의 유명한 질문을 자신에게 해보자.

"오늘이 인생의 마지막 날이라고 한다면 오늘 하려고 했던 일이 정말 내가 하고 싶었던 일인가?"

만일 대답이 'No'라면 진짜 내 모습대로 살지 못하고 있을 가능성이 있다. 모처럼의 능력을 발휘하지 못하고 있는 것이다. 잡스는 말한다. "나는 정말로 좋아하는 일이 아니면 지속할 수 없다고 확신한다. 자신이 무엇을 좋아하는지 찾으라." 나를 이해하지 않고서 나답게 있을 수는 없다. 좋아하는 것을 찾아가는 과정을 통해 우리는 자신에 대해 알아가게 된다. '자신'에 대해 윤곽이 잡혀갈수록 우리의 능력은 매우 자연스럽게 발휘될 것이다.

**격언은 새나 벌레들이
가르쳐주는 것처럼 절대적인 진리다.**

〈보상*Compensation*〉

위대한 사람들의 격언은 어떻게 이토록 우리들의 마음
을 울리는 것일까?

에머슨은 자신의 저서에서 "보편적인 법칙을 따라 살아
가라." 하고 반복하며, 여러 나라의 격언에서 그 법칙을 찾아볼 수 있다고 말한다. 격언은 인생을 더욱 풍요롭게 살아가기 위한 진리를 담고 있다. 격언을 남기는 인물들은 항상 진리를 탐구하며 살아가고 있다. 그러하기에 진리의 일면을 그토록 정확하게 표현할 수 있는 것이다. 격언에는 한 사람의 인생을 바꿀 수 있는 힘이 담겨 있다.

나는 스물다섯 살 때부터 10년 동안 공황장애 등으로 괴로워했고 외출도 불가능한 상태였다. 집에서 100미터 이상 떨어질 수 없었고 병원조차 가지 못할 때도 있었다. 그 무렵의 나를 격려해주었던 것이 이치로 선수의 말이었다. 특히 인상적이었던 말은 "확실한 한 걸음, 한 걸음을 내딛는 것 외에 멀리까지 갈 수 있는 방법은 없다."였다. 이 말에서 용기를 얻을 수 있었던 것은 이치로 선수가 그 말대로 살아가고 있었기 때문일 것이다. 그는 '확실한 한 걸음'을 거듭 쌓아서 메이저리그 통산 3000안타 달성이라는 위업을 이루었다.

에머슨은 격언에 새겨져 있는 진리는 "새나 벌레들이 가르쳐주는 것과 마찬가지로 진실하고 보편적이다."라고 말한다. 진리는 '보편적인 법칙'에 따라서 살아가는 사람에게만 보이는 법이다.

마음이 무르익으면
모든 것이 가능하게 되어,
할 수 없었던 시절이
꿈처럼 느껴질 것이다.

〈영적 법칙*Spiritual Laws*〉

누구의 인생에나 크게 비약하고 변화하는 타이밍이 있
다. 그 순간이 찾아왔을 때 우리는 일에서 구체적인 성과
를 거둘 수도 있고 정신적으로 한층 성장할 수도 있다. 크
게 성장하기 전에는 특히 더 불안하기 마련이다. 어둠 속

을 헤매는 기분일지도 모른다. 그래도 끊임없이 노력하다 보면 반드시 그 타이밍이 다가온다.

그것은 밤을 지나 아침이 오는 것과 같다. 때가 이르면 자신의 세계가 한순간에 바뀌어서 예전의 자신은 꿈속에 있었던 듯이 느껴지게 될 것이라고 에머슨은 말한다.

어둠 속을 헤매고 있을 때는 그런 아침이 올 거라고는 상상할 수 없을지도 모른다. '이런 노력 따위에 정말 의미가 있는 걸까?', '정말 확실하게 보답을 받을 수 있을까?' 하고 생각하는 사람도 많을 것이다.

그러나 우리들이 비약적으로 진화할 때, 진화하기 전 단계에서 앞으로 어떻게 될지를 상세히 예상하고 납득한 뒤에 진화하는 일은 없다. 이를테면 말을 할 수 있게 되는 것은 인간으로서 처음으로 경험하는 큰 성장 요소다. 하지만 말을 시작하기 전에 '말을 배우면 이러저러한 장점이 있을 거야. 그러니까 노력하자.' 하고 생각하진 않는다. 우리들은 그저 본능에 따라 노력하고 진화해온 것이다.

인간으로서의 경험이 늘어나면 약함이나 욕심, 자만심, 미혹, 불안감이 생기기 쉬워진다. 이런 것들에 현혹되지 않고 오직 아침이 올 것을 믿으며 노력해나가는 것이 성장의 열쇠다.

**사물을 보는 방식은
스스로가 무의식중에 정한다.**

〈영적 법칙*Spiritual Laws*〉

'자신의 그림자를 두려워한다.'라는 표현이 있다. 밤길을
걷고 있을 때 커다란 그림자가 나타나서 놀랐는데 알고 보
니 달빛에 비친 자신의 그림자였다는 이야기다. 이 이야기
는 우리가 두려워하거나 놀라는 것은 전부 스스로가 만들

어낸 허상이라는 점을 시사하고 있다.

좋은 일이건 나쁜 일이건 모든 인식은 자기 자신이 만든다는 말도 있다.

심리학자인 아들러는 이렇게 말했다. "사람은 오직 자신의 기억을 통해서만 상대를 본다." 누군가를 처음 만날 때도 전적으로 자신의 경험에 의존해서 '이 사람은 좋은 사람이구나.' '저 사람은 믿음이 안 가.' 하고 멋대로 판단한다.

자신의 감각으로만 판단하기에 당연히 잘못 생각하는 경우도 많을 것이다. 그런데도 자신이 만들어낸 이미지를 마치 외부로부터 얻은 확실한 정보인 것처럼 여기고는 한다.

나의 내면에 있는 것이 내 눈에 비치는 법이다. 사물을 바라보는 방식은 나 자신이 무의식적으로 정한다. 이 사실을 깨달으면 훨씬 객관적인 시선을 가질 수 있게 된다. 억측이 사라지고 진실이 보이기 쉬워지는 것이다.

또한 많은 사람들과 어울리거나 많은 책을 읽으며 경험과 지식의 폭을 넓히는 것도 중요하다. 다양한 사고방식을 '기억'하는 방법을 통해 다각적인 시점을 가질 수 있다. 이는 인간으로서의 깊이를 더하는 일이라고 생각한다.

**지붕 위의 수탉 풍향계이건
다리 밑에 괴어둔 나무토막이건
'진실'을 아는 나무로 만들어졌다면
언젠가 그 힘이 나타나게 된다.**

〈영적 법칙*Spiritual Laws*〉

'그 사람은 언제나 열정적으로 활동하는데 나는 그게 안
돼.' 이렇게 낙담할 필요는 전혀 없다. 자신의 역할을 다하
고 있다면 눈에 보이는 활동을 하고 있든 그렇지 않든 마
찬가지다. 우리 본연의 모습은 사람마다 다 다르고 어떤

형태라도 다 좋은 법이다.

타인의 모습을 부러워하거나 심지어 다른 사람이 되고 싶다고 생각하는 것은 무의미한 일이다. 이를 이해할 수 있다면 '진실'을 알고 있는 사람이라고 에머슨은 말한다.

그렇다면 진실이란 과연 어떤 것일까?

이론물리학자인 알베르트 아인슈타인은 이렇게 말했다. "진실은 경험이라는 시련에 견딜 수 있는 것을 말한다." 경험을 거듭하는 동안 우리들은 자신의 약함에 직면하거나 생각지도 못한 불운을 겪기도 한다. 이른바 시련의 연속인 셈이다. 그러나 높은 곳을 목표하는 마음을 계속 가지고 있으면 시련을 통해 성장할 수 있게 된다.

스모의 일인자였던 지요노후지 미쓰구 선수는 타고난 어깨뼈 모양 때문에 습관성 탈골로 젊었을 때는 매우 고민했지만, 이를 극복하기 위해 근력 운동에 힘써 어깨 근육을 키웠다고 한다. 그 뒤 그는 스모 선수로서 최고의 지위에 올랐다. 그에게는 '힘든 일도 모두 도움이 된다. 분명히 나답게 계속 성장해나갈 수 있게 된다.'라는 '진실'이 보였던 것이다. 시련을 뛰어넘어 자신을 계속 다듬어나가면 자신의 본연의 모습에 의문을 가지는 일은 없을 것이다.

**은인에게 은혜도 갚기 전에
여행을 떠날 필요가 어디 있겠는가.**

〈영적 법칙*Spiritual Laws*〉

자신을 수련하고 싶을 때 당신은 어떤 행동을 할 것인가?

우선은 외부 세계로 눈을 돌리는 사람이 많을 것이다.

옛 위인이 남긴 철학서를 읽거나 처음 가보는 장소에서 새

로운 자신을 발견하려고 할지도 모른다. 그러나 에머슨은

'자신의 본분'을 다하기 전에 난해한 철학서에 손을 대거나 여행을 떠나는 것은 자기가 해야 할 일을 내버려두는 것과 다름없다고 말했다.

본분이란 이를테면 은인에게 받은 편지에 답장을 하는 일이라고 한다. 다시 말해 지금 있는 그 자리에서 가까운 사람들에게 감사를 표거나 내가 무엇을 할 수 있을지 생각하거나 그것을 실행에 옮기는 일 등이 모두 포함된다. 근본적인 책임을 다하는 것이 자신을 다듬어가는 최선의 방법이라는 소리다.

에머슨이 살았던 시대에는 이탈리아처럼 오랜 역사를 지닌 곳을 여행하는 것을 우러러보는 사람이 많았다고 한다. 이를 두고 에머슨은 자기 수양이 부족하다며 비판했다. 오늘날에도 비슷한 일이 일어나고 있는 듯하다. 사회에서 좋은 평가를 받기 위해, 혹은 성장한 듯한 기분을 맛보기 위해 우리가 하고 있는 일은 무엇인가?

지금 있는 곳에서 자신이 할 수 있는 일을 한 다음에 여행에 나서는 것은 바람직하다. 그런데 그게 아니라 그저 무작정 견문을 넓히려고만 하는 건 아닌가?

누가 자기에게 신실하고
정직하게 노력하는 사람인지
우리는 인간의 마음을 분별하는
뛰어난 판단력을 가지고 있다.

〈신*The Over-Soul*〉

우리에게는 인간의 영성을 알아보는 통찰력이 있다. 그러
나 이는 지식이나 기술로 상대의 마음을 읽는 힘을 얻을 수
있다는 뜻은 아니다. 처음부터 자신을 비롯한 인간의 본질
을 꿰뚫어보는 '직감'이 우리 안에 갖춰져 있다는 소리다.

직감력은 우리가 이미 가지고 있지만 갈고닦지 않으면 발휘되지 않는 힘이기도 하다. 자신의 마음에 충실하려고 하지 않고 다른 사람의 의견이나 세상의 평가에 의존해서 살아가다 보면 직감력의 거울은 흐려지고 말 것이다.

나는 내담자에게 자신의 마음을 의지하고 있는지 자주 묻곤 한다. 그러나 우수하고 지식이 풍부한 사람일수록 자기 자신이 아니라 기술이나 여론에서 근거를 찾으려고 한다. 가령 적성검사는 하나의 힌트는 될 수 있지만 우리의 전부를 말해주는 것은 아니다. 우리가 정말 신뢰해야 할 것은 직감에 의한 판단력이다. 우선은 그 사실을 믿는 것이 중요하다.

직감이 발달하면 다른 사람에 대해서도 직감적으로 판단할 수 있게 된다. 하지만 에머슨은 현명한 사람들은 그 판단력으로 남을 정죄하지는 않는다고 말했다. 그들이 드러내는 영성을 통해 그들 스스로가 심판받도록 맡길 뿐이다. 현명한 사람은 자신을 드러내고 인정받고자 하는 욕구를 채우기 위해 직감을 사용하지 않는다는 얘기다.

**습관의 사슬을 끊어내면
자신의 가능성에 눈뜨게 된다.**

〈원*Circles*〉

"우리들은 누구나 습관에 지배당하고 있다." 강철왕 앤드루 카네기의 말이다. 우리의 행동은 모두 일종의 습관이라고 할 수 있다. 새로운 습관을 들이고 싶으면 오래된 습관을 버려야 한다.

습관에 대해서 말할 때 자주 등장하는 것이 사람의 행동이 습관화되기까지 21일이 걸린다는 '맬츠의 법칙'이다. 습관을 들이는 데도 버리는 데도 21일이 걸린다고 한다. 달리 말하면 21일 동안은 상당한 노력을 해야만 한다는 뜻일 것이다.

나는 사고방식을 바꾸고자 하는 내담자를 이렇게 격려한다. "힘들겠지만 이 3주 동안이 가장 중요합니다." 그리고 좌절하지 않고 이를 유지할 수 있도록 PDCA 사이클을 기억하라고 말한다. 계획Plan, 실행Do, 검증Check, 개선Acts 과정을 확실히 이행하는 것이다. PDCA 사이클은 업무 개선의 방법으로 잘 알려져 있지만 새로운 사고방식을 익히는 데도 유용하다.

3주간 지속할 수 있으면 큰 문제없이 3개월에 접어들 수 있게 되고, 새로운 사고의 습관을 내 것으로 만들 수 있다. 이제까지와 다른 시각을 가지게 되었을 때 자기신뢰가 커지고 나를 성장시키기 위한 새로운 목표를 더욱 많이 발견할 수 있게 된다.

새로운 일에 도전할 때
경험과 능력을 모두 이어받아
더욱 눈부시게 성장하게 된다.

〈원*Circles*〉

　지금까지와는 다른 방식을 요구받으면 당황하기 마련
이다.

　새 상사 밑에 들어가 이제까지와 전혀 다른 방식으로 일
을 하라는 지시를 받는다면 어떤 생각이 들 것 같은가?

상사가 새로운 방식의 유용성을 확신하더라도 대부분의 사람은 회의적일 것이다. 지금까지 해온 일들이 물거품이 되지는 않을까 걱정할지도 모른다. 반대로 부하 직원의 혁신적인 제안을 받아들이지 못하는 상사도 있을 듯하다. 전례와 관례를 고집하며, 새로운 방식이라면 기를 쓰고 거부할 수도 있다. 이 또한 자신이 쌓아온 성과가 무너지지는 않을까 하는 두려움 때문이라고 생각한다.

에머슨은 "실제로 그렇게 되는 것이 그렇다는 사실을 알 수 있는 단 하나의 입구다."라고 단언하고 있다. 즉 새로운 일에 도전해본 다음에야 비로소 그 일의 장점을 알 수 있다는 뜻이다. 그러기 위해서는 일단 이제까지의 지식과 상식은 한쪽으로 밀어두지 않으면 안 된다. 그래야 새로운 생각을 받아들여 성장의 순환 궤도에 오를 수 있다.

기존의 사고방식을 떨쳐버린다고 해서 우리가 능력의 가치를 잃게 되는 것은 아니다. 우리의 능력은 모두 '그대로 이어져' 간다. 오히려 거듭되는 성장 속에서 우리의 능력은 한 단계씩 향상될 수 있다.

**본능을 마지막까지 믿자.
본능을 마지막까지 믿으면
자신이 왜 믿는지 알게 될 것이다.**

〈지성*Intellect*〉

"우리의 진보는 식물과 같다. 처음에는 본능instinct이 움직이고 그다음에는 의견을 낼 수 있게 되며 지식을 배운다. 식물이 뿌리를 내리고 싹을 틔워, 이윽고 열매를 맺게 되는 것과 마찬가지다."

처음에는 본능으로부터 시작한다. 사람은 본능을 통해 성장하기 때문에 본능을 끝까지 믿으라는 것이다. 그러나 에머슨의 말처럼 본능을 믿고 싶어도 애초에 자신의 본능을 잘 모르겠다는 사람들이 있다. 자신이 본능적으로 추구하는 것이 무엇인지 보이지 않는 것이다.

나의 내담자 중에 유명 대학의 대학원을 졸업했는데도 취직을 하지 못한 사람이 있었다. 자신이 무엇을 하고 싶은지 모르겠다고 했다. 그 사람의 특성을 찾기 위해 가장 좋아하는 역사 속 인물은 누구인지 묻자 그는 삼국지의 조조라고 대답했다. 악역으로 평가되는 경우가 많지만 냉정한 시점으로 제도를 유용하게 정비했고, 냉혹하다고 생각할 수도 있지만 모두를 위한 일을 했기에 좋아한다고 했다.

그는 본능적으로 조조와 같은 사람이 되고 싶었던 것일지도 모른다. 이 질문이 사소하지만 본능을 찾기 위한 힌트가 되었다고 생각한다. 이유를 잘 모를지라도 일단 끌리는 것이 있으면 그것을 선택하는 것도 하나의 방법이다. 자신의 감각을 믿고서 그 방향으로 나아가다 보면 자신이 끌리는 이유를 알게 될 것이다.

정신적 성숙은 알에서 유충으로
유충에서 성충으로 변화하는 것처럼
어느 날 극적으로 이루어진다.

나에 대해서 결정할 수 있는 것은
그 순간의 자신의 직감뿐이다.
인생의 결정권을
타인에게 넘겨서는 안 된다.

모두가 반대할수록
동요하지 말고 밝은 태도로
마음에 떠오르는 생각을 따라야 한다.

불멸의 영예를 손에 넣고 싶다면
'선이라 여겨지는 것이 정말로 선인지'
탐구해보아야 한다.

딱딱하게 굳은 이론보다는
시시해 보이는 공상이나
소박한 감정 쪽이 신뢰할 만하다.

마음이 있는 곳에 힘이 있다.

격언은 새나 벌레들이
가르쳐주는 것처럼 절대적인 진리다.

마음이 무르익으면
모든 것이 가능하게 되어,
할 수 없었던 시절이
꿈처럼 느껴질 것이다.

사물을 보는 방식은
스스로가 무의식중에 정한다.

지붕 위의 수탉 풍향계이건
다리 밑에 괴어둔 나무토막이건
'진실'을 아는 나무로 만들어졌다면
언젠가 그 힘이 나타나게 된다.

은인에게 은혜도 갚기 전에
여행을 떠날 필요가 어디 있겠는가.

누가 자기에게 신실하고
정직하게 노력하는 사람인지
우리는 인간의 마음을 분별하는
뛰어난 판단력을 가지고 있다.

습관의 사슬을 끊어내면
자신의 가능성에 눈뜨게 된다.

새로운 일에 도전할 때
경험과 능력을 모두 이어받아
더욱 눈부시게 성장하게 된다.

본능을 마지막까지 믿자.
본능을 마지막까지 믿으면
자신이 왜 믿는지 알게 될 것이다.

RALPH WALDO EMERSON

Friendship

우정

**나에게 당신이 얼마나 소중한지
확실히 전하는 것이
진정한 우정을 얻는 비결이다.**

〈우정 *Friendship*〉

　마음으로부터 신뢰할 수 있는 친구를 가지는 것은 인생을 풍부하게 하는 큰 요소 중 하나다.

　원래 사교적이 아니었던 에머슨은 학창 시절에 마음을 허락한 친구가 거의 없었던 듯하고, 자신은 어둡고 차가운

성격이라며 열등감으로 괴로워했다. 대학 졸업 후 건강이 악화된 에머슨은 요양 삼아 미국 남부로 여행을 떠나는데 그곳에서 프랑스인인 아실 뮈라와 만나게 된다. 두 사람은 곧 의기투합해 9일간의 배 여행 동안 많은 이야기를 나누었다. 여행지에서 이만큼 속마음을 터놓을 수 있는 친구를 만난 것은 에머슨에게 큰 기쁨이었다. 그리고 이 만남은 에머슨의 독자적 사상을 한층 깊어지게 만드는 계기가 되었다.

에머슨은 우정에 대해 이렇게 말하고 있다. "두 사람이 옳고 확실한 하나의 사상과 하나의 감정 속에서 맺어지는 것만큼 감격스러운 일이 또 있을까."

훗날 에머슨은 역사가이자 평론가인 토머스 칼라일, 《월든: 숲 속의 생활》을 쓴 작가 헨리 데이비드 소로와도 친교를 맺는다. 에머슨은 저서 곳곳에서 칼라일과 소로를 칭송하고 있어서 그들을 진심으로 존경하고 있다는 사실을 알 수 있다.

이것이 바로 진짜 우정을 얻는 비결이 아닐까 싶다. '나에게 당신이 얼마나 소중한지'를 확실히 전하며 확실한 우정을 키워가는 것이다. 그러한 우정이 바로 우리의 인생에 '새로운 세계'를 만들어가는 법이다.

**인간의 영혼에는
극도의 다정함이 갖춰져 있다.**

⟨우정*Friendship*⟩

여기에서 '다정함'이란 '다른 사람을 받아들이고 서로 인정하는 힘'을 가리킨다. 모든 인간에게는 원래 이 힘이 갖춰져 있어서 마음이 잘 맞는 상대와는 성격, 입장, 연령, 성별, 경우의 벽을 넘어 깊은 우정을 나눌 수 있다.

에머슨은 단순히 만나게 된 사람과 진짜 친구에는 차이가 있다고 말한다. 사람과의 만남은 원래 자극적이며 새로 사귄 친구와 앞으로 무엇을 함께할 수 있을지 상상하는 것은 즐거운 일이다. 그러나 진정한 친구가 아니면 그 열기는 곧바로 식어버리고 결국 새로운 아이디어가 생겨나거나 나로 하여금 어떤 행동을 하도록 만드는 일은 없다.

반면 진정한 우정으로 이어진 친구를 대할 때는 다음과 같은 감정이 든다고 한다.

① 친구가 해낸 일을 마치 자신의 일처럼 자랑스럽게 여긴다.
② 친구가 칭찬받으면 자신이 감격한다.
③ 친구가 자신을 배신할 리 없는 양심을 가지고 있다고 확신한다.
④ 친구가 자신보다도 친절하고 강하며 선하다고 느낀다.
⑤ 친구의 말과 행동에 의해 상상력과 창조력이 커진다.
⑥ 친구가 자신의 생각에 동조하면 용기가 솟는다.

이런 친구와 함께라면 무언가 새로운 것이 탄생될 수 있을 것 같다.

**다른 사람과 나의 의식이
동일해지는 일은 없다.**

〈우정*Friendship*〉

'취향이 맞아서 친해졌다.' '이야기가 잘 통해서 자주 만
나게 된다.'

이렇듯 가치관이 비슷하다 보니 친구가 되었다는 이야
기를 자주 듣게 된다. 그러나 가치관이 같다는 것이 친구

가 되기 위한 절대적 조건은 아니다.

예를 들어 액세서리를 주렁주렁 몸에 달고 있는 사람이 있다고 하자. 당신에게는 그런 취미가 없다. 그러면 보통 이 사람은 나와 맞지 않겠구나 생각하며 멀리할 것이다.

아니면 경제적 여유가 있어서 명품 브랜드에서 옷을 즐겨 사는 사람이 있다고 하자. 당신이 옷에 돈을 아끼지 않는 타입이 아니라면 '이 사람하고는 틀림없이 이야기가 안 통할 테니까 친해질 수는 없을 거야.' 하고 생각할지도 모른다.

그러나 사람마다 가치관이 다른 것은 지극히 당연한 일이다. 나와 완전히 똑같은 가치관을 가지고 있는 사람은 없다. 스스로에게 자신감이 없는 사람일수록 '나와 비슷해 보이는 사람'과 함께 있고 싶어 한다. 그리고 나와는 다르다고 느끼는 사람에게 반사적으로 적대심을 가진다. 반면에 자신의 중심이 확실히 잡혀 있고 자신의 감성을 믿는 사람은 다른 가치관을 가진 사람과 사귀는 것을 재미있어 한다. 나는 나, 남은 남이라고 생각하기에 쓸데없는 비교를 하지도 않고 자신을 비하하지 않을 뿐 아니라 상대를 비판하는 일도 없다. 넓은 인맥을 가진 사람은 틀림없이 후자일 것이다.

**인간관계에서 안 좋은 일을 겪었다고 해도
결코 쓸모없는 경험은 아니다.**

〈우정*Friendship*〉

자신과 다른 가치관을 가진 사람과 사귀는 것은 인간으
로서의 폭을 넓히는 일이다. 이것이 애정과 우정의 차이,
즉 배우자와 친구의 관계가 다른 점이다.

애정은 한 사람을 마주 보며 깊은 관계로 나아간다. 누

군가를 사랑하면 때로는 주위가 보이지 않게 될 때도 있지만 깊이 빠져들수록 새로운 경지에 이르는 것이 애정이다.

그에 비해 우정은 나의 가치관을 점점 넓혀가게 한다. 많은 사람과 교제하는 과정을 통해 사물을 바라보는 다양한 시각을 갖게 되는 것이다. 이는 자신의 가치를 높이는 일이기도 하다. 어느 한 사람과의 관계에서 안 좋은 기억이 있다고 해도 그것이 결코 쓸모없는 경험은 아니다. 상처받는 것을 두려워해서 젊었을 때부터 제한적으로 사람을 만난다면 자신의 세계는 넓어지지 않는다.

에머슨은 말한다. "상대의 가치를 믿고 용기를 내서 다가서라." "각각의 일은 실패의 연속일지라도 전체로서의 성공을 의식해야 한다."

어느 정도 인간으로서의 폭을 넓혔다면 다음은 집중의 단계로 접어든다. 먼저 넓혔기 때문에 좁힐 수 있는 것이다. 가장 중요하게 여겨야 할 가치관이 무엇인지, 나의 진정한 친구는 누구인지 하는 것들을 알게 될 것이다.

우정은 사랑보다도 순수하다.

〈우정*Friendship*〉

에머슨은 진짜 우정에는 더욱 순수함이 요구된다고 말
하고 싶은 듯하다.

진정한 친구 관계는 '수어지교水魚之交'라는 말로 표현된
다. 물과 물고기처럼 떼려야 뗄 수 없는 관계라는 것이다.

매우 자연스러운 사이인 데다 쓸데없는 요소들이 끼어들지 않기 때문에 어떠한 상황에 놓이더라도 친밀함을 유지할 수 있다.

사회인이 되면 같은 업계에서 일하는 사람들과 교제하는 일이 많아지므로 서로 간에 이해관계가 발생하는 경우도 있을 것이다. 자신의 사회적 위치에 이득이 되는 사람과 교류한다고 당당히 말하는 사람도 있다. 그러나 그런 관계는 이익이 사라지는 순간 끝나버린다. 일을 그만두고 사회적 관계가 끊어진 뒤에야 자신이 고독하다는 것을 깨닫게 될 것이다.

사회적 이익이 끼어들지 않는 관계를 쌓아가는 일은 우리의 생각 이상으로 중요하다. 이것이야말로 진짜 인맥이라고 할 수 있지 않을까. 이해관계가 없기 때문에 강한 결속력을 지니고 만일의 경우에는 도움을 받을 수도 있는 것이다.

상사나 부하처럼 사회적 입장으로 이어져 있는 사이에서는 반드시 '물과 물고기'로 있을 필요는 없을 듯하다. 조직을 떠난 시점에서 관계가 끝나버리는 경우가 많기 때문에 '물과 기름'의 관계라 해도 크게 신경 쓰지 않아도 된다.

**영원한 우정을 유지하기 위한 조건은
'진실'과 '친절'이다.**

〈우정*Friendship*〉

여기서 '진실'이란 속마음이나 기탄없는 의견을 주고받
는 것이다. 또한 '상대는 나를 비추는 거울'이라는 진리를
이해하고 사귀는 것도 포함된다. 우리가 상대에게 느끼는
것은 사실 우리가 우리 자신에게 느끼고 있던 것이다. 이

사실을 솔직하게 받아들이기만 해도 우정은 깊어진다.

'친절'은 상대를 대하는 다정함이다. 곤란할 때 손을 내밀어주고 지혜를 빌려주고 격려해주는 것이다. 도움을 주는 것만이 다정한 것은 아니다. 상대가 도움을 원하지 않을 때는 가만히 내버려두는 것도 중요하다. 아무 말도 하지 않고 공기 같은 존재가 되어서 안심할 수 있게 해주는 것이다.

다시 말해 친구에게는 상냥한 마음을 가지고 진지한 자세로 대해야 한다. 그다음으로 중요한 포인트가 있다. 친구와 얼굴을 마주하는 것이다. "우정이라는 것은 눈이나 말재주와 마찬가지로 발도 가지고 있어야 한다고 생각한다." 에머슨은 이렇게 말하며 친구를 실제로 방문하는 일의 중요성을 강조하고 있다.

친구와 얼굴을 마주하고 직접 이야기할 때 우리는 마음을 열 수 있게 된다. 전화나 문자 메시지로는 전할 수 없는 것이 전해지고, 상대방도 마음을 열어주기 때문에 진심을 알 수 있다. 인간관계에서 어떤 문제가 생겼을 때는 얼굴을 마주보고 대화를 나누는 것이 제일이다. 그때 '진실'과 '친절'을 의식적으로 실천하는 것을 잊지 말자.

**일대일 만남이야말로
우정의 최고 경지에
이르기 위한 실천법이다.**

〈우정*Friendship*〉

당신은 친구와 일대일로 만나는 쪽을 선호하는가? 아니면 여럿이서 시끌벅적한 시간을 보낼 때가 많은가?

에머슨은 친구와 일대일로 대화하는 일은 반드시 필요하다고 단언하고 있다.

둘이 아닌 셋이서 만나면 '가장 진심 어린 대화'로 이어지기 어렵고, 지금까지 말하지 못했던 속마음을 터놓게 되는 일도 결코 없다.

더욱이 여럿이서 만나게 되면 둘이서 이야기할 때처럼 깊은 대화를 나누는 일은 불가능하다. 목소리가 큰 사람이나 그 자리에 있는 사람들과 공통된 화제에 대해서 이야기할 수 있는 사람이 대화의 주도권을 쥐게 된다. 하물며 그렇게 대화의 중심에 있는 사람조차 진심을 말하는 일은 없다. 그저 분위기를 띄우는 역할을 할 뿐이다.

고민 상담을 할 때나 예전에 일어난 일을 털어놓고 싶을 때는 일대일로 이야기하는 것이 가장 좋다. 그런 내용은 여러 사람 앞에서 이야기해도 다양한 의견이 나와서 혼란스러울 뿐이다. 눈앞에 있는 오직 한 사람에게 나의 생각을 말하다 보면 내 마음을 확실히 전할 수 있을 뿐 아니라 '자신의 목소리'를 차분히 들을 수 있게 된다. 다시 말해 자신의 생각을 객관적으로 인식하게 되어 애매했던 부분이 자연스럽게 정리되는 것이다. 이는 진정한 친구와의 대화를 통해서가 아니면 불가능한 일이다.

다이아몬드는 수많은 세월을 거쳐
비로소 완성된다.
영원한 것의 탄생을 앞당기려고
서두르지 말자.

〈우정*Friendship*〉

깊은 우정은 하루아침에 생기는 것이 아니다. 평생 가는
친구 관계란 다이아몬드가 완성되는 것과 같아서 초조함
은 금물이다.

오래 알고 지냈다고 해서 친한 친구가 될 수 있는 것도

아니다. 사람과 사람이 깊은 유대 관계로 맺어질 때 꼭 필요한 조건은 서로가 주체적이고 독립적인 인격체여야 한다는 점이다. 이를테면 상대가 없더라도 잘해낼 수 있다는 강한 마음이랄까. 상대방에게 의존하거나 상대를 독점하고 싶어 한다면 진정한 우정이 성립하는 일은 없을 것이다. 자기 삶의 주인이 자기 자신이 아니라는 증거기 때문이다.

그렇다면 어떻게 해야 내 삶의 주인이 될 수 있을까? 어려운 질문이다. 이는 '어떻게 해야 자신감을 가질 수 있는가'라는 질문과 이어진다. 심리 상담에서는 주체적으로 행동하는 사람의 이야기를 들어보라고 조언한다. 그 사람은 무엇을 좋아하는지, 왜 좋아하는지, 장차 어떤 일을 하고 싶은지, 그 이유는 무엇인지⋯⋯. 그런 이야기를 듣다 보면 '이 사람은 이렇게 생각하는구나. 그럼 내 생각은 어떻지?' 하고 스스로에게 묻게 된다. 다시 말해 내가 어떤 사람인지 스스로 질문하고 답하며 나에 대해 분명하게 알아가게 되는 것이다. 물론 다른 사람의 이야기를 듣는다고 해서 자립심이나 자신감이 저절로 생기지는 않는다. 내 안에서 스스로 찾아내야만 한다. 하지만 초조해할 필요는 없다. 영원한 가치를 지닌 존재일수록 완성되는 데 그만한 시간이 걸리는 법이다.

**당신은 상대가 가지고 있는 것들과
친구가 되고 싶은가?**

〈우정*Friendship*〉

　중요한 것은 '상대의 어떤 점을 어떻게 존경하는가' 하
는 문제다.

　존경의 대상은 크게 두 가지로 나눌 수 있다. 첫째는 상
대의 사고방식과 인품 등을 존경하는 것이다. 이는 상대의

'전체'를 보고 있다고 할 수 있다. 또 하나는 상대의 실적이나 직함 등을 존경하는 것인데, 이 자체가 나쁜 것은 아니지만 상대의 '부분'을 보고 있다고 할 수 있다.

어떤 친구의 장점이 넓은 인맥이라고 하자. 때때로 그 인맥의 덕을 볼 때도 있다. 그런 상황에서 그 친구의 멋진 네트워크를 존경하고 있다고 한다면 에머슨은 "당신은 그의 사상과 친구가 되고 싶은 것인가, 그렇지 않으면 그의 소유물과 친구가 되고 싶은 것인가?" 하는 말로 일축할 것이다.

상담을 하다 보면 세상에는 서로의 '소유한 것들'을 존경하는 인간관계가 많다는 사실을 깨닫게 된다. 친구로서 서로 존경하고 있는 것 같아도 그 조건이 사라지는 순간에 신뢰 관계도 사라져버리고 만다. 상대의 어느 일면만을 좋아하고 전체를 보고 있지 않았다는 증거다.

에머슨은 이를 두고 친구를 소유물로 여기는 일이며, 어리고 분별없는 아이들이나 할 법한 일이라고 꼬집고 있다.

친구를 나의 일부라고 생각하고 소중히 여기자.
친구는 내가 다루기는 어렵지만
경애해야 할 일종의 아름다운 적이다.

〈우정*Friendship*〉

친구가 질투의 대상이 되는 경우가 있다. 상대가 나를
질투하는 일도 있을지 모른다. 하지만 그렇다고 해서 그
친구를 즉시 멀리하는 것은 우정의 이점만 취하려는 태도
가 아닐까? 친구를 그저 기대기 좋은 존재라고 생각하는

것은 아닌가?

"친구는 일종의 아름다운 적이다." 에머슨은 이처럼 제법 재미있는 표현을 쓰고 있다. 여기서 '적'이란 자신에게 교훈을 주는 존재가 된다는 뜻이 아닐까 싶다.

예를 들어 친구가 자신을 질투하고 있다는 느낌이 들면 단순히 상대를 부정하는 것이 아니라 스스로를 돌아보는 계기로 삼으면 된다. '최근에 내가 오만해지지는 않았나?' '내 말투에 배려가 부족했을지도 몰라.' 이렇게 생각할 수 있는 계기를 친구가 만들어주는 것이다.

친구는 소중한 존재일 뿐 아니라 활력을 불어넣어주기 때문에 내가 성장할 수 있다. 그렇게 생각하며 친구에게 경의를 표하면 친구도 같은 마음을 내보일 것이다. 부정적인 말을 들었다고 해서 친구를 비판하고만 있으면 친구도 나를 계속 비판할 뿐이다.

친구는 나를 성장시켜주는 존재다. 그렇기 때문에 에머슨은 친구를 '자신의 일부'라고 표현한 듯하다. 서로에게 딱 맞는 조각이 되기 위해서는 상대를 제대로 바라볼 수 있는 객관적인 시각이 필요하다.

나에게 당신이 얼마나 소중한지
확실히 전하는 것이
진정한 우정을 얻는 비결이다.

인간의 영혼에는
극도의 다정함이 갖춰져 있다.

다른 사람과 나의 의식이
동일해지는 일은 없다.

인간관계에서 안 좋은 일을 겪었다고 해도
결코 쓸모없는 경험은 아니다.

우정은 사랑보다도 순수하다.

영원한 우정을 유지하기 위한 조건은
'진실'과 '친절'이다.

일대일 만남이야말로
우정의 최고 경지에
이르기 위한 실천법이다.

다이아몬드는 수많은 세월을 거쳐
비로소 완성된다.
영원한 것의 탄생을 앞당기려고
서두르지 말자.

당신은 상대가 가지고 있는 것들과
친구가 되고 싶은가?

친구를 나의 일부라고 생각하고 소중히 여기자.
친구는 내가 다루기는 어렵지만
경애해야 할 일종의 아름다운 적이다.

Success
Law

성공 법칙

**우리는 자신의 생각을
자신의 것이라는 이유로
대수롭지 않게 여기고 무시한다.**

〈자기신뢰*Self-Reliance*〉

마음속에서 반짝이는 영감을 눈여겨볼 수 있는 사람은
스스로에게 자신감이 있는 사람이라고 생각한다.

나는 어렸을 때 많은 좌절을 경험했기에 모든 것이 무의
미했으며 모든 사람을 적으로 생각했다. 늘 자신을 부정했

고 나 자신을 믿는 일이 불가능했다.

하지만 그러는 동안 반려동물이나 가까운 사람들처럼 나를 믿어주는 존재가 있다는 사실을 깨닫고 나도 나 자신을 믿어보기로 결심했다. 특별한 계기가 있었던 것은 아니고 아주 자연스러운 감정의 변화였다. 그렇게 서서히 내 안에서 자기신뢰의 정신이 자라났던 것 같다.

나는 근거 없는 자신감일수록 절대적인 자신감이라고 생각한다. 내가 괜찮을 거라고 생각하면 그 믿음이 근거가 되는 것이다. 자신감이 붙기 시작하면 자신의 직감을 믿을 수 있게 된다. 순간의 영감이 내 안에서 태어난다는 사실을 신뢰하게 되면 삶의 방식이 바뀐다. 발명가인 토머스 에디슨은 "천재는 1퍼센트의 영감과 99퍼센트의 노력으로 만들어진다."라는 말을 남겼다. 에디슨은 1퍼센트의 영감은 반드시 자신의 내면에서 나온다고 믿었으며 자신의 직감에 자신감을 가지고 있었다.

그렇기 때문에 포기하지 않고 계속 노력할 수 있었던 것이다.

절대로 억지웃음과 거짓 칭찬은 하지 말자.

〈자기신뢰*Self-Reliance*〉

이 말은 일견 제멋대로인 것처럼 보이지만, 결코 다른 사람에게 불손한 태도를 취하라는 말이 아니다. 에머슨은 계속해서 다음과 같이 적고 있다. "나는 위대한 사람이 우리 집에서 함께 식사를 하더라도 비위를 맞추려고 생각하지는 않는다. 친절하되 가식 없이 대하고 싶다." "좋은 게 좋은 거라고 강요하는 상식과 같잖은 만족감을 비난해주겠다."

사회적 지위가 높은 사람을 상대할 때는 특히나 '상식'에 따라 대응하지 않으면 안 된다고 생각하기 쉽다. 반사적으로 비위를 맞추는 사람도 있을지 모른다.

물론 예의는 중요하지만 에머슨이 경종을 울리고 있는 것은 자신의 신념이나 가치관으로 판단해야 하는 문제마저도 세상의 상식만 가지고 판단하는 일이다. 이는 주체적으로 살아가는 것을 포기하는 것이기 때문이다.

스티븐 R. 코비 박사는 베스트셀러 《성공하는 사람들의 7가지 습관》에서 주체성을 발휘하는 것의 중요성에 대해 이야기하고 있다. 주체성이 없으면 어떤 일이든지 감정적으로 반응하고 믿음과 관습에 기인한 이론만으로 사물을 판단하게 된다는 것이다.

주체성을 가지기 위해서는 나의 신념을 객관적으로 파악하는 힘이 필요하다. '내가 무엇을 소중히 하고 싶은지' 알면 나의 가치관에 따라서 나의 반응을 선택할 수 있다. 이것이 바로 영향력과 문제 해결 능력, 솔선수범으로 이어지게 되는 것이다.

**장미는 예전에 핀 장미나
더 아름다운 장미를 의식하지 않는다.
그저 자신의 진가를 발휘하고 있을 뿐이다.**

〈자기신뢰*Self-Reliance*〉

장미처럼 자신의 진가를 발휘하며 살아가려면 다음 두
가지가 중요하다.

① 자신의 경쟁자는 늘 자신이라고 생각한다.

② 결과가 아닌 과정을 중시한다.

나 이외의 누군가와 경쟁하는 것에 중점을 두면 어쩔 수 없이 초조함이나 질투 같은 쓸데없는 감정이 생겨나고 만다. 만일 승리하더라도 우월감에 의해 보이지 않게 되는 것들이 있다. 이 감정들은 우리의 진가를 발휘하지 못하게 막는 방해물일 뿐이다.

'라이벌은 나 자신'이라고 생각하는 게 제일이지만 진심으로 그렇게 생각할 수 있는 사람은 전체의 20퍼센트밖에 되지 않을 것이다. 모든 것은 20:80으로 나누어진다는 '파레토의 법칙'이 여기에도 반영되고 있는 까닭이다.

그 20퍼센트에 들어가고 싶다면 결과만 보지 말고 과정을 중시하도록 하자.

자신이 성장하는 과정에 집중하는 것이다. '좋아, 작년보다는 잘할 수 있게 되었어.' 이런 식으로 경과를 지켜보며 자신을 관찰하자. 그러면 지금 해야 할 일이 무엇인지 보이고 그 일에 집중할 수 있다. 장미처럼 아주 자연스럽게 진가를 발휘하게 되어, 최상의 결과를 이끌어낼 수 있을 것이다.

힘이 생겨나는 것은
과거에서 새로운 상태로 옮겨가는 순간,
심연을 뛰어넘어서
목표를 향해 돌진할 때다.

〈자기신뢰Self-Reliance〉

이 말은 미국의 제44대 대통령 버락 오바마의 연설을 떠
올리게 한다.

2008년, 미국 역사상 최초로 아프리카계 미국인 대통령
의 탄생이 확정된 날, 그는 10만 명이 넘는 지지자 앞에서

승리 연설을 했다. "Yes, we can."을 반복했던 그 유명한 연설이다. 미국에 큰 변화를 가져온 순간이자 그야말로 에머슨이 말하던 '과거로부터 새로운 상태로 옮겨가는 순간'이었다. 이때 오바마 본인은 물론 청중들에게도 힘이 넘쳐흐르고 있었다. 그가 대통령이 되겠다는 큰 목표를 세우고 그 목표를 향해 계속해서 나아갔기 때문에 그 꿈은 실현될 수 있었다.

오바마 대통령은 에머슨의 메시지를 즐겨 읽었다고 한다. 분명히 인생의 많은 순간들에서 에머슨의 말에 용기를 얻었을 것이다.

높은 목표를 세울수록 커다란 힘이 생겨난다. 남아프리카 공화국에서 인종 차별 정책인 아파르트헤이트를 철폐한 넬슨 만델라 대통령은 이렇게 말했다. "성공하기 위해 중요한 것은 무엇을 어디서부터 시작하는지가 아니라, 목표를 얼마나 높이 설정하는가 하는 것이다."

주위에서 어림없다는 이야기를 듣더라도 자신을 믿고서 높은 목표를 세워 나아갈 수 있는 사람은 무한한 가능성을 가지고 있다. 이는 원래 누구에게나 가능한 일이라고 에머슨은 말한다.

**행운의 비결은
스스로가 기쁨을 느끼는 것이다.**

〈자기신뢰*Self-Reliance*〉

인생과 인간 그 자체를 낙관적으로 받아들였던 에머슨
은 비관적인 감각이 결여되어 있는 낙관주의자라는 평을
듣기도 한다.

"자신이 기쁨을 느끼고 있으면 행운을 잡을 수 있다." 이 말에 에머슨의 낙관주의가 현저하게 드러나 있다고 생각할지도 모른다. 확실히 에머슨은 낙천적인 성격이었지만 학창 시절의 일기에는 자학적, 자기비판적인 내용이 쓰여 있어 천성적인 낙천가였다고 할 수는 없을 듯하다.

에머슨 본인은 낙관적이 아니라 긍정적이라는 표현을 쓰고 있다. 그는 자신을 깊이 성찰한 다음에 사물을 긍정적으로 해석하고 있던 것이다.

우리는 우리 자신과 주위 사람을 얼마나 긍정할 수 있을까? 자기 자신이 잘 보이지 않는다면 우선 상대방을 제대로 보고 상대의 장점을 찾아보자. 그렇게 하면 자신의 장점도 보이게 된다. 타인은 나를 비추는 거울이라는 이른바 '거울의 법칙'이 있지 않은가. 내가 상대를 긍정하면 상대도 나를 긍정할 것이다.

에머슨은 말한다. "신에게도 사람에게도 환영받는 자는 주체적으로 독립한 사람이다. 그러한 사람 앞에서 모든 문이 열린다." 인생에서 어떤 것을 어떻게 해석할지 자신의 의지로 선택할 수 있는 사람은 행운을 손에 넣을 수 있는 사람이다.

사회는 파도와 같다.
물결은 앞을 향해서 나아가지만
물결을 만드는 물은 움직이지 않는다.

〈자기신뢰Self-Reliance〉

사회를 파도라고 하면 사람은 물분자다. 파도는 앞으로
나아가지만 물분자 하나하나가 앞으로 움직이고 있는 것
은 아니다. 사회가 변화해도 사회를 구성하는 인간 그 자
체가 변하는 것은 아니라는 뜻이다. 주변 환경이 바뀌어도

인간의 본질은 변하지 않는다는 것, 이것이 에머슨이 말하는 진리이다. 다양한 해석이 가능하지만 인간이 본래 있어야 할 모습을 나타내는 것이 아닌가 하는 생각이 든다.

시대가 변하면 사람의 사고방식도 변하는 것이 당연하다고 생각하는가? 그러나 이는 자신의 신념 없이 사회의 변화라는 거센 물결에 몸을 맡기는 셈이다. 역사를 읽으면 사회의 가치관은 너무도 쉽게 변한다는 사실을 알게 된다. 자신의 가치관을 그렇게 간단하게 바꿔도 괜찮은지 에머슨은 넌지시 묻고 있는 것이 아닐까?

우리는 사회의 일원이므로, 세상의 움직임을 객관적으로 인식하는 것은 중요하다. 그러나 자신의 본질을 잃지는 말아야 한다.

우리의 불안감을 부채질하는 사건이 많은 시대에 살고 있다고 해서 여기에 휘둘리게 되면 나 이외의 것, 즉 지위나 명예, 재산에 의해서 안도감을 얻으려고 하게 될 것이다. 이것이 '자기신뢰의 결핍'을 의미한다는 것은 말할 것도 없다. 그런 사람들은 인격이 아니라 재산에 의해서 서로를 평가하게 된다.

자신 이외의 다른 것에
의존하려 할수록 사람은 약해진다.

〈자기신뢰*Self-Reliance*〉

에머슨은 에세이《자기신뢰》의 끝부분에서 이렇게 말하고 있다.

운명을 '무언가가 우연히 일어나는 것'으로 받아들여서는 안 된다. 원인이 되는 행동을 하면 반드시 결과가 나온다는 '인과의 법칙'으로 움직이는 것이 운명이다. 그 '운명'을 남김없이 활용하는 것이다. 자기 자신을 신뢰하고 행동에 옮기면 미래를 개척해나갈 수 있다. 그러면 견고한 기둥이 된 우리가 자신뿐 아니라 주위 사람도 지탱하게 될 것이 틀림없다. 이렇게 자기신뢰를 관철하며 살아가면 삶에 평화가 찾아온다.

자신 말고 다른 것에 의존하려고 하면 할수록 사람은 약해진다.

이런 저런 일에 휘둘리며 평화와는 동떨어진 삶을 살게 되는 것이다. 그래도 에머슨은 자신 이외의 것에 의존하려던 마음을 인식하고 이를 멈추기로 결심하면 '금세 바른 길로 돌아갈 수 있다'고 말한다.

자신을 믿으며 살아가는 힘은 본래 누구나 가지고 있는 것이다. 이것은 자아가 강하다는 것과는 다르다. 에머슨은 타인에게 의존하지 말고 자신의 본질을 잃지 않으며 확고한 신념을 가지라고 격려한다. 동시에 유연성을 가지고 있는 그대로 살아가라고 말한다. 인생에 평화를 가져오는 자기신뢰는 내면의 '강함'과 '부드러움'의 균형을 유지하는 것이 아닐까 싶다.

**비난받을수록 성공을 확신하고
칭찬받을수록 불안을 느껴야 한다.**

〈보상*Compensation*〉

칭찬을 받으면 기분은 좋아지지만 우월감이나 자만심이 생겨난다. 현명한 사람은 칭찬이 자신에게 유익하지 않다는 사실을 안다. 비난을 받으면 오히려 그 안에서 자신의 약점을 찾을 수 있다. 그 약점을 보완하는 힘을 갖게 되기에 성공에 좀 더 가까워지는 것이다. 현명한 사람은 자신의 약점을 아는 자가 강하다는 사실을 안다. 에머슨은 흥미로운 이야기를 하고 있다.

"나를 비난하는 말을 들으면 나는 틀림없이 이 일이 성공할 거라는 일종의 확신을 갖게 된다. 하지만 꿀처럼 달콤한 칭찬을 듣게 되면 그 순간 적을 앞에 두고 무방비 상태가 된 기분이 든다."

조금 극단적인 느낌은 있지만, 비난은 나를 성장시키므로 자신감으로 이어진다. 칭찬은 겸허함을 잃게 만들기 때문에 결국 나에게 도움이 되지는 않는다.

작가인 무라카미 하루키는 자신의 작품을 아내에게 먼저 읽어보게 한다. 하루키 정도의 작가가 되면 주위에서 기탄없는 의견을 내기는 어렵기 때문에, 아내에게서 냉정한 지적을 받아 작품의 질을 더욱 높이는 것이다.

평범한 사람은 세상의 칭찬을 얻는 것에 무게를 둔다. 반면에 현명한 사람은 자신이 성장해나가는 것에 중점을 둔다.

모든 노력에는 보상이 따른다.
그 보상이 늦으면 늦을수록
그만큼 우리에게 이득이다.
복리에 복리가 더해지는 것이
세상의 이치이므로.

〈보상Compensation〉

남에게 좋은 일을 하면 언젠가 남도 나에게 좋은 일을
해줄 것이다. 이른바 기브 앤 테이크의 사고방식인데, 자
신은 늘 주기만 하고 아무리 시간이 지나도 보답받지 못
한다고 느끼는 사람도 있을지 모른다. 그래도 손해만 보고

있다고 생각하지는 말자. 손해 보지 않기 위해 자기를 방어하거나 빈틈없이 구는 것은 지혜롭지 못하다.

오히려 이러한 보상이 늦어지는 것은 득이 되는 일이다. '기브'를 계속 쌓으면 쌓을수록 큰 '테이크'가 되어 돌아온다. 에머슨은 어떤 일도 헛수고로 끝나지는 않을 것이며 선한 행동은 반드시 보답을 받는 법이라고 단언하고 있다.

이것은 다른 사람을 대하는 선행의 '기브'뿐 아니라 자신을 대하는 노력의 '기브'에서도 마찬가지다. 자신을 성장시키기 위해서 필요한 일을 할 때, 금세 효과가 나타나지 않더라도 꾸준히 실천해나가면 크게 발전한 내 모습을 발견할 수 있다.

아침 일찍 일어나는 습관을 들였다면 다음으로는 인사를 잘 하도록 하자. 그런 사소한 일을 통해 어떤 보상을 얻게 될 거라고는 생각할 수 없을지도 모르지만, 그다음에는 긍정적인 사람을 사귀거나 잘 모르는 분야의 공부 모임에 참여하는 등 새로운 시도를 계속해보는 것이다.

노력을 계속할수록 복리가 복리를 낳는다. 노력의 종류가 많으면 많을수록, 보상이 늦어지면 늦어질수록 우리의 인생은 크게 변해가는 중이다.

놀라운 성공을 거둔 사람은
하나같이 자신의 공이 아니라고 말한다.
왜냐하면 그들은 자연의 법칙을
있는 그대로 따라 성공했기 때문이다.

〈영적 법칙Spiritual Laws〉

큰 성공을 이룬 사람은 비범한 재능을 가졌거나 교묘한
전략을 세웠을 거라고 생각하는가? 에머슨은 '자연의 법
칙에 따랐기 때문에' 성공을 이룬 것이라고 말하고 있다.
성공한 사람에게는 다음 세 가지 특징이 있다.

① 솔직한 직감을 따른다.

② 자연의 흐름에 거스르지 않는 유연성을 가졌다.

③ 자신의 분수를 알고 있다.

그렇기 때문에 행운을 손에 넣어 자신의 운명을 개척해 나갈 수 있는 것이다.

개그맨 아카시야 산마는 이렇게 이야기했다.

"나는 절대 실망하지 않는다. 실망한다는 것은 자신을 너무 과대평가했다는 소리다. 자신을 과대평가를 하고 있으니까 일이 잘 풀리지 않으면 실망하는 것이다. 인간은 오늘 할 수 있는 일을 했으면 그걸로 충분하다."

솔직함과 유연성, 있는 그대로의 자신을 믿는 힘을 지닌 사람이 입에 담을 수 있는 말이라고 생각한다. 자신을 과신하는 사람은 낙담하거나 좌절하기 쉽다. 그러나 아카시야 산마처럼 신념을 가진 사람은 포기하거나 도망치지 않는다. 그것이 결과적으로 큰 성공으로 이어지는 것이다.

**성공한 사람과 그렇지 않은 사람의 차이는
자신감을 가지고자 하는지 아닌지, 그것뿐이다.**

〈영적 법칙*Spiritual Laws*〉

스스로를 믿는다는 것은 즉 자신감을 가진다는 것이다.

월트 디즈니가 꿈을 실현하기 위한 비결을 네 가지의
'C'로 표현한 이야기는 유명하다. 그는 Curiosity(호기심),
Confidence(자신감), Courage(용기), Constancy(일관성)

가운데 자신감이 가장 중요하다고 강조하고 있다. 자신감을 가지고, 한번 결정하면 한 점의 의심도 없이 온 힘을 다해 몰두해야 한다는 것이다.

에머슨은 아무리 작은 일이라도 좋다고 말한다. 예를 들어 바닥을 쓸고 닦는 일이라도 자신을 믿는 힘을 확실히 가지고 있으면, 그 행위가 점차 쌓여 위대한 결과를 낳는다는 것이다. 어떤 일을 하든지 그 일이 시시하다거나 스스로가 하찮은 인간이라고 생각하지 말고 자신감을 가지고 계속해보자. 그렇게 하면 무슨 일에서든 언젠가 열매를 맺을 것이다.

우리들은 자신감이 부족하기 때문에 행위에 수반되는 지위나 명예 쪽에 마음을 빼앗긴다. 지위와 명예를 얻은 사람을 과대평가하고 자기 자신을 과소평가하는 것은 성공한 사람과 자신은 다른 부류의 인간이라고 생각하기 때문이다. 그러나 인간의 본질은 동등하다.

차이가 있다면 자신감을 가지려고 하는지, 그렇지 않은지 오직 그뿐이다.

**겸손, 정의, 사랑, 향상심을
품을 수 있는 자는
이미 하나의 분야를 추구하는
토대가 완성되어 있는 사람이다.**

〈신*The Over-Soul*〉

뛰어난 영성은 과학이나 예술, 문학, 비즈니스에 있어서
성공을 위한 토대가 된다. 한 분야의 최정상에 선 인물은
겸허하고 성실하며 온화하고 탐구심이 넘치기에 모든 면
에서 뛰어나다는 평을 듣는다.

노벨생리학·의학상을 수상한 야마나카 신야가 바로 그러한 인물인데, 전문 분야인 의학뿐 아니라 스포츠에서도 두각을 나타냈으며 프레젠테이션 능력도 뛰어났다.

야마나카 신야와 같은 정신력을 얻는 방법은 하나밖에 없다. 그것은 열심히 배우고 자신의 일을 하나하나 해나가는 것이다.

꾸준히 노력하는 과정에서 강인한 정신력을 얻을 수 있게 된다. 강한 마음이 없으면 계속 노력하는 것 자체가 불가능할 수도 있다. 그러나 부단히 노력을 계속하다 보면 이내 실력이 붙는다. 정신력과 실력, 이 두 가지가 당신을 더 높은 곳으로 밀어 올려주는 힘이 되는 것이다.

후쿠자와 유키치도 비슷한 이야기를 했다. 학문을 소중히 함으로써 인격을 수양할 수 있고 이를 통해 사회에 공헌할 수 있다고 주장했다. 나의 노력으로 얻은 것이 나 혼자만의 힘이 아니라 나라를 위한 힘이 될 수도 있다는 것이다.

**우주는 계속 변화한다.
변화하지 않는 것은 존재하지 않는다.**

⟨원*Circles*⟩

"우리들은 반드시 변한다. 영원히 변하지 않는 존재는
없다." 이런 말을 들으면 희망을 발견하는 사람과 불안해
하는 사람으로 나뉘게 된다. 그 차이는 장래의 비전을 가
지고 있는지 아닌지에 달렸다. 희망이 있는 사람은 명확한

비전을 그리지만 불안한 사람은 무엇을 하고 싶은지 보이지 않는다.

당신이 다음 주, 아니 다음 달이나 내년이라도 상관없이, 산에 오르게 되었다고 하자. 그러나 어떤 산에 오르게 될지는 전혀 모른다. 해발 877미터의 쓰쿠바 산일 수도 있고 3000미터가 넘는 후지 산일 수도 있다. 어쩌면 아프리카 대륙 최고봉인 킬리만자로일 가능성도 있다. 어떤 산에 오를지에 따라 각오도 준비도 완전히 달라질 텐데 어느 산인지 알 수가 없다면 불안하고 또 불안해서 어쩔 줄 몰라 할 것이다.

'산에 오른다'를 '우리는 변한다'로 바꿔놓고 생각해보자. 어떤 산에 오를지, 즉 자신이 어떤 식으로 변하게 될지 알고 있으면, 그에 알맞은 각오로 적절한 준비를 할 수 있기 때문에 불안은 사라진다.

어떻게 변화할지는 우리 스스로가 정할 일이다. 그것은 바로 비전과 목표를 가지는 것이다. 명확한 목표를 가지고 준비해서 구체적으로 실천에 옮기면 우리는 목표를 향해서 변화해나갈 수 있다. 그리고 아무리 곤란한 상황에 빠져도 포기하지 않고 돌진할 수 있을 것이다. 모든 것은 변화한다는 사실을 알고 있으므로.

**최고의 한 수가
최악의 한 수가 될 수도 있다.**

〈원*Circles*〉

'분별 있는 사람'이라고 하면 어떤 사람이 떠오르는가?
사회적 상식이 있어서 문제를 일으키지 않는 사람, 이치를
따지는 냉정한 사람이라는 인상을 받지는 않는가? 그러한
분별이 단점으로 작용할 때가 있다.

누구나 인생에서 '이때다' 싶은 순간이 있을 것이다. 어떤 판단을 하느냐에 따라서 인생이 크게 변하는 승부점이 된다. 그럴 때 문제 상황을 피하는 데만 중점을 두어서 무난한 방향을 선택한다면, 모처럼의 기회를 놓쳐버릴 가능성이 있다.

대담한 결단을 내려야 할 때 평소처럼 분별력을 가지고 판단하게 되면 '최고의 한 수'라도 '최악의 한 수'가 될 수 있는 것이다.

위대한 업적을 이룬 인물은 이러한 승부점에서는 분별이 아니라 직감을 움직이고 있다. 어쩌면 무분별한 행동처럼 보일지도 모른다. 그러나 에머슨은 이렇게 말했다. "위인은 세속적인 의미로는 분별이 없는 자다." 위인들은 평소에는 남들보다 뛰어난 분별력을 발휘하고, 꼭 필요한 순간에는 분별보다 직감을 우선시하고 있지 않은가?

카리스마 있는 정치가로 불렸던 다나카 가쿠에이는 평소에는 사람들의 마음을 얻기 위해 애쓰다가도 이때다 싶을 때는 큰 그림을 보며 대담한 결단을 내렸다. 유능한 리더는 분별과 직감을 잘 구분해서 쓴다.

자연스럽게 나오는 행동이
언제나 가장 좋은 법이다.

〈지성Intellect〉

　다시 말해 '직감'은 언제나 옳다는 뜻인데, 그렇다면 애
초에 직감이란 무엇인가 하는 의문이 든다. 뛰어난 직감력
을 발휘하는 사람의 내면에서는 어떤 일이 일어나고 있는
걸까?

사람은 인생을 사는 동안 다양한 경험을 하며 예지를 얻고, 그 기억들을 쌓아간다. 이는 이치를 따져서 나온 행동이라기보다 본능적인 움직임이다. 자신도 모르는 사이에 경험에서 우러나오는 지혜와 진리를 몸에 익히는 것이다.

　직감력을 발휘한다는 것은 그러한 기억 속에서 상황에 가장 적합한 것을 끌어내는 행위가 아닐까? 그 사람이 가진 기억의 양과 질이 풍부하면 풍부할수록 직감이 발달하게 되는 셈이다.

　그러나 자기신뢰가 충분히 갖춰지지 않으면 직감력이 둔해진다. 망설이거나 다른 사람의 의견을 신경 쓰기 때문이다. 또한 몇 번씩 다시 생각하다 보면 잡념 때문에 방해받게 된다. 컬러 테라피, 즉 색채 치료에서는 내담자에게 컬러 보틀을 고르게 하고 그 색을 통해 심리 상태를 분석하는데, 맨 처음에 고른 보틀이 그 사람의 본질을 드러낸다. 2번째, 3번째 보틀에서는 아무래도 본질 이외의 관점이 들어가는 듯하다.

　직감을 발달시키기 위해서는 자기신뢰를 키우는 것, 그리고 처음 받은 영감을 중요하게 여기는 자세가 필요하다.

**한계를 정하는 사람도 나,
가능성을 믿는 사람도 바로 나.**

〈지성*Intellect*〉

에머슨은 지성에 대해 다음과 같이 말하고 있다.

"선악에 얽매이다 보면 감정에 지배당해 똑바로 나아가기 힘들어진다. 지성을 갖춘 사람은 감정에 지배당하지 않고, 그 대상에 과학의 빛을 비추어 냉정하게 바라볼 줄 안다."

이 말을 살펴보자면 '냉정한 시각으로 나에게 필요한 것과 그렇지 않은 것을 판별하는 것'이 지성의 큰 역할 중 하나라고 할 수 있겠다.

때때로 우리들은 감정에 이끌려 지성을 발휘하는 법을 잊어버린다. "이 일은 나한테 90퍼센트 무리입니다."라고 말하는 내담자가 있었다. 나는 이렇게 물었다. "90퍼센트는 무리라고 생각하는 사람은 누구입니까? 90퍼센트가 무리라면 10퍼센트는 가능할지도 모른다는 거죠. 그럼 가능할지도 모른다고 느낀 사람은 누구입니까?" 당연히 그 내담자는 "제 자신입니다." 하고 대답했다.

한계를 정하는 것도 나 자신, 가능성을 남겨두는 것도 나 자신이다. 지성을 통해 나를 바라보면 모든 주도권이 내 손에 달려 있다는 사실을 깨닫게 된다. 나에게 한계가 있다고 생각할지 나의 가능성을 믿을지는 바로 나에게 달렸다.

지성과 자기신뢰는 상관관계에 놓여 있는 것이 아닐까? 지성을 발휘하게 되면 자기신뢰가 커지고, 자신을 믿게 되면 지성을 발휘하기 더욱 쉬워진다. 지성의 힘과 자기신뢰의 힘 모두를 키워나가면 고난과 장애에 좌지우지 되지 않는 인생을 걸어갈 수 있게 된다.

· 에머슨을 읽고 쓰다 ·

우리는 자신의 생각을
자신의 것이라는 이유로
대수롭지 않게 여기고 무시한다.

절대로 억지웃음과 거짓 칭찬은 하지 말자.

장미는 예전에 핀 장미나
더 아름다운 장미를 의식하지 않는다.
그저 자신의 진가를 발휘하고 있을 뿐이다.

힘이 생겨나는 것은
과거에서 새로운 상태로 옮겨가는 순간,
심연을 뛰어넘어서
목표를 향해 돌진할 때다.

행운의 비결은
스스로가 기쁨을 느끼는 것이다.

사회는 파도와 같다.
물결은 앞을 향해서 나아가지만
물결을 만드는 물은 움직이지 않는다.

자신 이외의 다른 것에
의존하려 할수록 사람은 약해진다.

비난받을수록 성공을 확신하고
칭찬받을수록 불안을 느껴야 한다.

모든 노력에는 보상이 따른다.
그 보상이 늦으면 늦을수록
그만큼 우리에게 이득이다.
복리에 복리가 더해지는 것이
세상의 이치이므로.

놀라운 성공을 거둔 사람은
하나같이 자신의 공이 아니라고 말한다.
왜냐하면 그들은 자연의 법칙을
있는 그대로 따라 성공했기 때문이다.

성공한 사람과 그렇지 않은 사람의 차이는
자신감을 가지고자 하는지 아닌지, 그것뿐이다.

겸손, 정의, 사랑, 향상심을
품을 수 있는 자는
이미 하나의 분야를 추구하는
토대가 완성되어 있는 사람이다.

우주는 계속 변화한다.
변화하지 않는 것은 존재하지 않는다.

최고의 한 수가
최악의 한 수가 될 수도 있다.

자연스럽게 나오는 행동이
언제나 가장 좋은 법이다.

한계를 정하는 사람도 나,
가능성을 믿는 사람도 바로 나.

"스스로를 믿고 살아가라. 자신의 직감을 믿고 그대로 나아가면 된다."

에머슨의 말을 들을 때면 이렇게 격려받는 느낌이 든다.

예전의 나는 늘 막연한 불안감에 사로잡힌 채 인생에서 희망을 찾지 못했다. 그러나 나에게 큰 힘이 되어준 에머슨을 만났기 때문에, 내 안에 있던 '자기신뢰'의 씨앗을 싹 틔우고 가꿀 수 있게 되었다.

또한 가난과 질병, 계속되는 불운에 괴로워하던 청년 시절을 보냈음에도 불구하고 많은 사람들에게 영향을 끼치는 삶을 살았던 에머슨의 인생 자체에서도 용기를 얻었다. 아무리 힘든 상황이 닥치더라도 사람은 자신의 힘으로 그런 환경에서 벗어날 수 있으며, 마침내 자신의 재능을 발휘할 수 있다.

요즘 시대의 젊은이들은 특히 미래에 대한 불안감이 커

진 듯하다. 잇따라 밀려드는 정보의 홍수 속에서 자신을 돌이켜보며 자기신뢰를 쌓아갈 여유조차 없는 사람도 있을지 모른다. 하지만 이런 시대일수록 때때로 멈춰 서서 '자신을 끝까지 믿어라.'라고 말했던 에머슨의 메시지에 귀를 기울였으면 좋겠다.

자신을 끝까지 믿으라고 해서 제멋대로 살아가라는 뜻은 아니다. 이기적인 자기주장은 내면을 갈고닦으며 강해지는 자기신뢰와 근본적으로 다르다. 진정한 자기신뢰는 '무슨 일이 있어도 나는 괜찮을 거야.'라는 절대적인 자신감을 심어준다. 그렇듯 자기 자신을 끝까지 믿을 수 있는 힘이 우리 안에 이미 내재되어 있는 것이다. 인생의 기로에 섰을 때 그 사실을 꼭 기억하길 바란다. 이 책이 여러분의 자신감을 이끌어내는 계기가 되어주었으면 좋겠다.

마지막으로 오랫동안 내 마음을 지지해주었던 에머슨의 말을 소개할 수 있게 해준 아사히신문출판의 사토 세이이치 씨, As제작실의 도요하라 미나 씨에게 감사드린다. 또한 이 책을 쓸 때 참고한 서적과 웹사이트의 저자, 역자, 감수자 등 많은 분들에게도 진심으로 고마운 마음을 전한다.

나카시마 데루

랠프 월도 에머슨 연보

1803년 미국 보스턴에서 태어나다.

1811년 8세가 될 무렵에 목사였던 아버지를 잃고 가난에 시달리게 되다.

1812년 보스턴 라틴 스쿨에서 공부를 시작하다.

1817년 14세에 하버드 대학에 입학하다. 스스로 학비를 벌며 힘들게 일
　　　　하다 병에 걸리다.

1821년 하버드 대학을 졸업하고 형이 경영하는 여학교에서 교편을 잡다.

1825년 하버드 대학 신학부 대학원에 입학하다.

1829년 보스턴에서 목사가 되다. 엘렌 터커와 결혼하다.

1831년 아내 엘렌을 병으로 잃다.

1832년 교회 제도를 비판하다. 목사직을 사임하고 유럽 여행을 떠나다.

1833년 여행지에서 토머스 칼라일과 친교를 맺다. 귀국 후 강연과 집필
　　　　활동을 시작하다.

1836년 첫 평론 《자연Nature》을 발표하다.

1837년 헨리 데이비드 소로와 친교를 맺다.

1841년 《에세이Essays》를 출판하다. 이 책에 수록된 〈자기신뢰Self-Reliance〉
　　　　로 국제적인 명성을 얻다.

1842년 첫아들 월도가 5세의 나이에 병으로 죽다.

1844년 《에세이 2Essays: Second Series》를 출판하다.

1847년 이듬해까지 잉글랜드와 스코틀랜드에서 강연 순회를 하다.

1850년 《대표적 인물Representative Men》을 출판하다.

1856년 《영국인의 특성English Traits》을 출판하다.

1860년 《삶의 행위The Conduct of Life》를 출판하다.

1882년 매사추세츠 주 콩코드의 자택에서 사망하다. 슬리피 할로우 묘
　　　　지에 묻히다.

참고문헌

《자기신뢰(신역)》(랠프 월도 에머슨, 츠키토우미샤)

《에머슨 선집 〈1〉 자연에 대하여》(랠프 월도 에머슨, 닛폰쿄분샤)

《에머슨 선집 〈2〉 정신에 대하여》(랠프 월도 에머슨, 닛폰쿄분샤)

《에머슨 선집 〈3〉 생활에 대하여》(랠프 월도 에머슨, 닛폰쿄분샤)

《에머슨 선집 〈4〉 개인과 사회》(랠프 월도 에머슨, 닛폰쿄분샤)

《에머슨 선집 〈5〉 미에 대하여》(랠프 월도 에머슨, 닛폰쿄분샤)

《에머슨 선집 〈6〉 대표적 인간상》(랠프 월도 에머슨, 닛폰쿄분샤)

《에머슨 선집 〈7〉 영혼의 기록》(랠프 월도 에머슨, 닛폰쿄분샤)

《에머슨 명저선》(랠프 월도 에머슨, 닛폰쿄분샤)

《에머슨 논문집(문고 상·하권)》(랠프 월도 에머슨, 이와나미쇼텐)

《에머슨과 그 시대》(이치무라 다카히사, 다마가와대학교 출판부)

《에머슨》(사이토 히카루, 겐큐샤 출판)

《에머슨 운명을 내 편으로 만드는 인생론》(와타나베 쇼이치, 지치 출판사)

《에머슨의 '위인론'》(랠프 월도 에머슨, 고후쿠노카가쿠 출판)

《에머슨 영혼의 탐구》(리처드 겔다드, 닛폰쿄분샤)

《에머슨 입문 자연과 하나가 되는 철학》(리처드 겔다드, 닛폰쿄분샤)

《(초역) 에머슨의 '자기신뢰'》(랠프 월도 에머슨, PHP연구소)

《살아가는 법 – 인간으로서 가장 소중한 것》(이나모리 가즈오, 선마크 출판)

《일하는 힘을 그대에게》(스즈키 도시후미, 가쓰미 아키라, 고단샤)

나에게 읽어주는 책

1판 1쇄 발행 2017년 12월 12일
1판 2쇄 발행 2018년 1월 23일

지은이 나카시마 데루
옮긴이 이유라
펴낸이 고병욱

기획편집2실장 장선희 **책임편집** 이혜선
마케팅 이일권 송만석 황호범 김재욱 김은지 양지은 **디자인** 공희 진미나 백은주
외서기획 엄정빈 **제작** 김기창 **관리** 주동은 조재언 신현민 **총무** 문준기 노재경 송민진

펴낸곳 청림출판(주)
등록 제1989-000026호

본사 06048 서울시 강남구 도산대로 38길 11 청림출판(주) (논현동 63)
제2사옥 10881 경기도 파주시 회동길 173 청림아트스페이스 (문발동 518-6)
전화 02-546-4341 **팩스** 02-546-8053

홈페이지 www.chungrim.com
이메일 redbox@chungrim.com
인스타그램 www.instagram.com/redboxstory

ISBN 979-11-88039-10-4 (03320)